Barbara Kettl-Römer

Kundenorientierte Korrespondenz

Barbara Kettl-Römer

Kundenorientierte Korrespondenz

**Zeitgemäß, stimmig und rechtlich einwandfrei schreiben
Mit Checklisten und Musterbriefen**

Bibliografische Information der Deutschen Bibliothek

Die Deutsche Bibliothek verzeichnet diese Publikation in der Deutschen Nationalbibliografie; detaillierte bibliografische Daten sind im Internet über http://dnb.ddb.de abrufbar.

Das Werk ist urheberrechtlich geschützt. Alle Rechte, insbesondere die Rechte der Verbreitung, der Vervielfältigung, der Übersetzung, des Nachdrucks und der Wiedergabe auf fotomechanischem oder ähnlichem Wege, durch Fotokopie, Mikrofilm oder andere elektronische Verfahren sowie der Speicherung in Datenverarbeitungsanlagen, bleiben, auch bei nur auszugsweiser Verwertung, dem Verlag vorbehalten.

ISBN 978-3-7093-0248-4

Es wird darauf verwiesen, dass alle Angaben in diesem Buch trotz sorgfältiger Bearbeitung ohne Gewähr erfolgen und eine Haftung der Autorin oder des Verlages ausgeschlossen ist.

© LINDE VERLAG WIEN Ges.m.b.H., Wien 2009
1210 Wien, Scheydgasse 24, Tel.: 0043/1/24 630
www.lindeverlag.at
Umschlag: buero8
Druck: Hans Jentzsch & Co. GmbH.
1210 Wien, Scheydgasse 31

Inhalt

Vorwort 7

Teil I
Wie Sie kundenorientiert schreiben

1. **Bereiten Sie Ihre Schreiben gründlich vor** 11
    Warum Texte häufig nicht gelingen 12
    Der erste Schritt: Erarbeiten Sie den Inhalt 15
    Der zweite Schritt: Geben Sie Ihrem Schreiben
    Struktur und Form 19

2. **Schreiben Sie so, dass Ihre Kunden Sie verstehen** 25
    Stellen Sie den Kundennutzen in den Vordergrund . . . 26
    Formulieren Sie im Sinne Ihrer Kunden 35

3. **Werden Sie unverwechselbar** 47
    Schaffen Sie eine unternehmensindividuelle
    Sprachkultur 48
    Entwickeln Sie ein einprägsames Corporate Design . 59

4. **Schreiben Sie E-Mails im Sinne Ihrer Kunden** 65
    Wahren Sie auch bei E-Mails die Form 70

Teil II
Kundenorientierte Korrespondenz für jeden Anlass
– Tipps, Checklisten und Musterbriefe

Der Geschäftsbrief – diese Angaben müssen
Sie machen 78

Anfragen beantworten 82

Angebote.. 88

Auftragsbestätigungen 100

Dankschreiben..................................... 106

Einladungen....................................... 110

Gratulationen 118

Mahnungen 121

Mitteilungen über Neuerungen 132

Nachfassbriefe 141

Preisänderungen ankündigen 145

Rechnungen....................................... 150

Reklamationen beantworten 156

Werbebriefe....................................... 166

Weihnachtsbriefe und Neujahrsgrüße................ 182

Anhang 187

Stichwortverzeichnis 191

Vorwort

Brauchen Sie im Zeitalter von E-Mail und Internet wirklich einen Korrespondenz-Ratgeber? Und wenn ja, muss es dann einer sein, der das Thema unter dem Aspekt der Kundenorientierung angeht? Kurz: Wird Ihnen dieses Buch nützlich sein? Sie werden es wenig überraschend – aber hoffentlich überzeugend – finden, wenn ich diese drei Fragen mit einem klaren „Ja" beantworte:

1. Ja, auch im Internet-Zeitalter hat das geschriebene Wort große Bedeutung. Eben weil „echte" Briefe seltener werden, gewinnen sie an Gewicht. Umso sorgfältiger sollten sie formuliert sein. Die E-Mails, die heute mengenmäßig den größten Teil unserer Korrespondenz ausmachen, sind sogar besonders tückische Kommunikationsmittel: Schnell getippt und versandt, sind sie nur scheinbar flüchtige Medien, in Wirklichkeit aber von einer geradezu erschreckenden Nachhaltigkeit, die nach sensibler Behandlung verlangt.

2. Ja, Kundenorientierung ist ein entscheidender Aspekt. Korrespondenz, die Sie konsequent an der Situation, an den Bedürfnissen und Wünschen Ihrer Kunden ausrichten, unterscheidet sich in Ansatz und Ergebnis deutlich von den „üblichen" Briefen und Mails. Wenn es um das geschriebene Wort geht, hat immer mindestens eine Seite Mühe und Arbeit, der Schreibende oder der Leser. Wenn es ganz schlecht läuft, sogar beide. Kundenorientiert zu schreiben heißt, dass Sie ganz bewusst eine gewisse Mühe auf sich nehmen, um Ihrem Kunden das Lesen, Verstehen und Handeln leicht zu machen. Es heißt, dass Sie wahrhaft professionell kommunizieren: fest in der Sache, glänzend in der Form, klar in der Wortwahl, freundlich im Ton. Das hinzubekommen, ist manchmal mühevoll. Aber es lohnt sich.

3. Ja, ich bin überzeugt davon, dass Ihnen dieses Buch nützlich sein wird. Die darin enthaltenen Prinzipien, Tipps, Checklisten und Musterformulierungen werden Ihnen helfen, nach außen noch professioneller aufzutreten und die Beziehungen zu den Menschen zu stärken, von denen die Existenz Ihres Unternehmens abhängt: Ihren Kunden.

Ich habe dieses Buch in zwei Teile gegliedert: Teil I beschäftigt sich mit den gedanklichen Grundlagen kundenorientierten Schreibens; mit den Fragen, wie Sie Ihre Texte verständlich verfassen, sie aus dem Blickwinkel Ihrer Kunden erstellen und dafür sorgen, für die Empfänger individuell und eindeutig wiedererkennbar zu werden. Das vierte Kapitel widmet sich E-Mails und ihren Besonderheiten.

Teil II des Buches versteht sich als konkrete Arbeitshilfe für Ihren Korrespondenzalltag: Sie finden dort Tipps, Checklisten, rechtliche Grundlagen und Musterbriefe für die gängigsten Korrespondenzanlässe. Wenn es schnell gehen muss, können Sie dort einfach nachschlagen, die benötigten Informationen entnehmen und daraus bequem Ihren eigenen Brief erstellen.

Wenn Sie ein bisschen mehr Zeit mitbringen, empfehle ich Ihnen das intensive Studium des ersten Teils, um Kundenorientierung als Grundhaltung Ihrer Korrespondenz zu verinnerlichen. Als Existenzgründer oder unternehmerischer „Einzelkämpfer" können Sie das kundenorientierte Schreiben anschließend sofort anwenden – schließlich entscheiden Sie ganz allein, wie Sie sich Ihren Kunden präsentieren möchten. Als Mitarbeiter im Vertriebsinnendienst oder Sekretariat eines größeren Unternehmens sind Sie möglicherweise nicht ganz frei in Formulierungs-Fragen. Aber etwas in Gang bringen und zum Besseren verändern können Sie in jedem Fall. Ich freue mich, wenn Sie mir von Ihren Erfahrungen berichten. Schreiben Sie mir einfach eine E-Mail an info@kettl-roemer.de.

Eine ebenso nützliche wie unterhaltsame Lektüre wünscht Ihnen

Barbara Kettl-Römer

Teil I

Wie Sie kundenorientiert schreiben

1. Bereiten Sie Ihre Schreiben gründlich vor

Was unterscheidet die schriftliche Korrespondenz vom Kundengespräch? Warum fällt sie uns oft so schwer? Welche typischen Fehler passieren beim Schreiben, und wie können Sie ihnen vorbeugen? Welche gedanklichen Vorarbeiten müssen Sie leisten, bevor Sie loslegen können? Diese Fragen klärt das erste Kapitel.

Kürzlich bekam ich per E-Mail eine Anfrage von einem mittelständischen Maschinenbau-Unternehmen. Die kaufmännische Leiterin bat mich, ein Anschreiben zu verfassen, das zusammen mit einigen Produktunterlagen an potenzielle Kundenunternehmen versandt werden sollte.

Ich studierte die Mail und die mitgeschickten Unterlagen, denen ich entnahm, bei den fraglichen Produkten handle es sich um *„Schubbodencontainer, die das dosierte Austragen von verschiedenen Stoffen (z. B. für die Beschickung von Heizungen oder Biogasanlagen) rationell, einfach und sicher"* machen sollten. Weiter hieß es: *„Das eingefüllte Material wird mit einem Schubrechen über die gesamte Containerbreite durch eine Heckklappe herausgeschoben. Von hier aus wird es in der Regel per Schnecke, Kratzförderer oder Ähnlichem weitergefördert."*

Ich gebe zu, dass mein technisches Verständnis begrenzt ist. Den Nutzen des Schubbodencontainers verstand ich jedenfalls nicht.

Ich rief die Absenderin an und fragte sie, ob sie mir kurz erklären könne, wozu das Produkt denn gut sei: *„Ja"*, sagte sie *„das sind Container, in denen Sie beispielsweise Pellets oder Hackschnitzel für Ihre Heizung lagern können. Durch den Schubboden werden die Brennstoffe der Heizung ganz gleichmäßig zugeführt, so dass Sie sich um nichts weiter zu kümmern brauchen. Der Container meldet sogar selbst, wenn er leer wird und wieder befüllt oder gegen einen vollen ausgetauscht werden muss."* Das ist eine äußerst praktische Sache. Das verstand ich sofort.

Diese Erfahrung mache ich auch in meinen Schreib-Seminaren immer wieder: Jeder Teilnehmer kann mir sein Anliegen mündlich in ein paar Sätzen so erklären, dass jeder Zuhörer es auf Anhieb versteht. Sobald es darum geht, denselben Sachverhalt zu Papier bzw. auf den Bildschirm zu bringen, produzieren dieselben Menschen aber häufig Beschreibungen und Erklärungen, die so kompliziert wie unverständlich sind. Sie wollen sich ihren Kunden gegenüber freundlich und entgegenkommend zeigen, schicken ihnen aber oft Texte, die steif, unpersönlich und sogar abweisend wirken.

Warum Texte häufig nicht gelingen

Warum eigentlich ist es so schwierig, das, was man problemlos sagen kann, zu schreiben? Meiner Erfahrung nach haben die „schlechten" (im Sinne von Empfänger-unfreundlichen) Schreibergebnisse im Wesentlichen drei Ursachen:

Sie wollen „besonders gut" schreiben

Schreiben ist anders als Sprechen. Sprechen können wir „einfach so". Beim Schreiben denken wir wegen der zeitlichen Verzögerung zwischen dem Gedanken und seiner Verschriftlichung automatisch mehr nach.

Das ist einerseits gut so, denn anders als im persönlichen Gespräch stehen Ihnen bei der schriftlichen Kommunikation weder Ihre Mimik und Gestik noch das direkte Feedback des Gesprächspartners zur Verständigung zur Verfügung. Sie sehen nicht, wie Ihre Botschaft ankommt und können nicht eingreifen, wenn Sie merken, dass sie anders als gewünscht aufgenommen wird. Im persönlichen Gespräch wirken Ihre Stimme, Ihr Aussehen, Ihr Lächeln oft sogar mehr als das, was Sie sagen. Das geschriebene Wort steht dagegen für sich. Es wirkt so stark, dass die Empfänger aus dem, was und wie Sie schreiben, darauf schließen, wer und wie Sie sind. Sie haben also völlig Recht damit, sich beim schriftlichen Formulieren anzustrengen.

Andererseits führt gerade diese Anstrengung oft zur Verkrampfung. Wenn Sie einen guten Eindruck machen wollen, ist die Versuchung besonders groß, tief in die Floskelkiste zu greifen und sehr förmlich, vielleicht sogar ein bisschen hochgestochen zu schreiben. Hinter den scheinbar angemessenen Floskeln können Sie sich auch so schön verstecken, wenn Sie Unangenehmes mitzuteilen haben: *„Zu meinem Bedauern muss ich Ihnen mitteilen, dass die zugesagte Leistung aufgrund unvorhersehbarer Lieferengpässe nicht termingerecht erbracht werden kann"* ist einfacher zu schreiben als: *„Ich schaffe es leider nicht, den vereinbarten Termin einzuhalten."*

Entscheiden Sie selbst: Welcher der beiden Sätze wirkt ehrlicher und sympathischer? Fatalerweise ist die Wirkung der floskelhaften Schriftsprache nämlich ganz anders als beabsichtigt: Floskeln verschleiern den wahren Sachverhalt und machen dem Leser mehr Mühe, Sie zu verstehen. Sie wirken unpersönlich und schaffen Distanz zwischen Ihnen und Ihrem Kunden. Manchmal lassen sie Sie sogar unfreundlich oder arrogant wirken.

Die Kunst liegt also darin, zwar formal und sprachlich korrekt, aber dennoch persönlich, individuell und wertschätzend zu schreiben.

Sie sind zu tief in Ihrem Fachthema

„In der Anlage überreichen wir Ihnen ein Merkblatt über Änderungen der Beihilfeverordnung zum 01.04.200X sowie eine Erklärung nach § 6a Abs. 2

BVO zum Beihilfeanspruch auf Wahlleistungen. Wir bitten, die Erklärung bis spätestens 30.04.200X ausgefüllt und unterschrieben an uns zurückzusenden; das gilt auch dann, wenn Sie von der Wahlleistungsoption keinen Gebrauch machen."
Das schrieb ein kommunaler Versorgungsverband an die Angestellten und Pensionäre seiner Mitgliedskommunen. Der absendende Sachbearbeiter kannte die Beihilfeverordnung nebst ihren Änderungen natürlich bis ins Detail. Für ihn war völlig klar, worum es ging. Für die Empfänger des Schreibens aber nicht. Sie wussten nicht, was sich in der Beihilfeverordnung geändert hatte, was davon für sie relevant war, welche Folgen es haben würde und was sie nach § 6a Abs. 2 erklären sollten und warum. Für jemanden, der kein Experte in Sachen Beihilfeverordnung war, blieb das Schreiben weitgehend unverständlich.

Dieses Phänomen betrifft keineswegs nur juristische Themen, sondern auch medizinische, technische oder betriebswirtschaftliche. Es tritt häufig dann zutage, wenn Sie als Verfasser sich in der fraglichen Materie wesentlich besser auskennen als der Empfänger Ihres Schreibens. Was für Sie ganz normal formuliert ist, ist für Ihren Empfänger meist Fachchinesisch. Nur wenn Sie als Fachexperte an einen anderen Fachexperten schreiben, können Sie Paragraphen, Fachbegriffe, typische Abkürzungen und sonstige expertensprachliche Besonderheiten nach Herzenslust einsetzen. Das stört diesen Empfänger nicht, sondern macht ihm vielleicht sogar Freude.

Sobald Sie davon ausgehen müssen, dass Ihr Kunde kein Experte ist, ist die Expertensprache aber fehl am Platz. Dann sollten Sie die Mühe auf sich nehmen, Ihr Anliegen so zu „übersetzen", dass der Empfänger es versteht.

Sie orientieren sich am Status quo

Der dritte Grund, warum in der Praxis so viele Schreiben am Empfänger und seinen Bedürfnissen vorbei formuliert werden, ist banal: In vielen Unternehmen gibt es vorgegebene Formbriefe und Textbausteine. Sei es, weil sie irgendwann von irgendwem erarbeitet und als Standard vorgegeben wurden oder weil sie schlicht im Warenwirtschaftssystem enthalten sind – sie werden jedenfalls nicht infrage gestellt. Sie werden von den Absendern nicht einmal im Detail wahrgenommen.

Niemand liest bewusst zum tausendsten Mal die drei Standardfloskeln auf den Auftragsbestätigungen oder den Rechnungsformularen. Also fällt auch niemandem auf, wie unverständlich, unmodern und kundenunfreundlich sie wirken. Wenn es doch jemandem auffällt, zuckt er die Achseln und denkt: *„Das schreiben wir doch immer schon so"*. Und so bleibt es dann auch. Aber welchen Eindruck macht das wohl auf Ihre Kunden? Werden neue Kunden leicht eine persönliche Beziehung zu Ihnen aufbauen, wenn sie mit lieblosen Standardformulierungen abgefertigt werden? Werden Ihre Stammkunden sich mit den immer gleichen Floskeln individuell wertgeschätzt fühlen?

Gut gemeinte Texte können also völlig unbeabsichtigte, gar unerwünschte Wirkungen beim Leser erzielen. Ohne dass Sie es wollen, können Sie Ihre Kunden verwirren oder verärgern, sie auf Distanz halten, langweilen oder überfordern. Das hat weitere unerwünschte Folgen: Verwirrte, verärgerte, distanzierte, gelangweilte oder überforderte Kunden sind nicht diejenigen, die sich bei Ihnen am besten aufgehoben fühlen und Sie gerne wieder beauftragen bzw. bei Ihnen kaufen.

Kundenorientiertes Schreiben ist kein Selbstzweck. Es geht nicht darum, gute Texte zu schreiben, damit Sie sich damit besser fühlen (obwohl Sie einen gelungenen Brief sicher mit einiger Zufriedenheit betrachten werden). Sondern jedes Schreiben an einen Kunden hat neben seinem konkreten sachlichen Inhalt einen tieferen Auftrag: Es soll eine positive Beziehung zu Ihrem Kunden aufbauen und festigen helfen. Es soll dazu beitragen, dass ein Interessent zum Kunden wird bzw. ein Kunde ein Kunde bleibt. Es soll ein sympathisches Bild von Ihnen vermitteln und dem Kunden bestätigen, dass er mit Ihnen die richtige Wahl getroffen hat. Kurz: Jedes Schreiben, das Ihr Haus verlässt, soll im Grunde für Sie werben und Ihnen dabei helfen, neuen Umsatz zu erzeugen.

Wie machen Sie das? Wie schreiben Sie so, dass Ihre Kunden Sie verstehen und sich von Ihnen verstanden fühlen? Wie sollten Texte aussehen, die Sie kompetent, modern und sympathisch wirken lassen?

Der erste Schritt: Erarbeiten Sie den Inhalt

Eine Teilnehmerin zeigte mir in einem Werbebrief-Workshop ein Schreiben, mit dem sie Interessenten und Kunden ihres Unternehmens zu einer Veranstaltung einladen wollte. Sinngemäß stand darin, dass eine Hausmesse veranstaltet werde, an der auch Lieferanten und Kooperationspartner beteiligt seien, und dass der Empfänger des Schreibens diese Messe doch besuchen solle. *„Was will Ihr Unternehmen mit dieser Hausmesse denn erreichen?"* fragte ich. *„Na, dass die Leute kommen"*, lautete die Antwort. *„Aber zu welchem Zweck sollen sie kommen? Was sollen sie da tun? Sich den Nachmittag vertreiben? Informationsmaterial sammeln? Sich beraten lassen? Beratungstermine vereinbaren? Neue Produkte selbst ausprobieren? Etwas kaufen?"* Das wusste sie nicht. Sie war als Vertriebssachbearbeiterin nicht für die Konzeption der Messe zuständig, sondern nur für die Einladungen.

Mit diesem Wissensstand war es für sie aber gar nicht möglich, eine kundenorientierte und dadurch wirksame Einladung zu formulieren. Um kundenorientiert zu schreiben, genügt es nicht, freundlich und flott zu formulieren. Vielmehr müssen Sie zuerst wissen, was Sie wollen und was Ihre Kunden brauchen. Bevor Sie anfangen zu schreiben, müssen Sie einiges an gedanklicher Vorarbeit leisten und die konkreten Inhalte Ihres Schreibens anhand folgender drei Fragen festlegen:

Was wollen Sie mit Ihrem Schreiben mitteilen?

Die Einladung zur Hausmesse ist ein typisches Beispiel. Sehr viele Briefe und Mails werden geschrieben, ohne dass der Absender genau weiß, was er damit eigentlich erreichen will. Wie sollte es dann dem Empfänger deutlich werden? Wenn Sie nicht wissen und daher auch nicht schreiben, was Sie wollen, können Sie schlichtweg nicht erwarten, dass Ihre Kunden nach Erhalt Ihres Schreibens tun, was Sie wollen.

Nun werden Sie vielleicht sagen: *„Aber bei den meisten Schreiben ist das doch klar. Wenn ich ein Angebot schreibe, will ich einen Auftrag haben, und wenn ich eine Rechnung tippe, will ich natürlich mein Geld."* Ja, das stimmt schon.

Aber was schwingt beispielsweise bei Ihren Angeboten nicht alles unausgesprochen mit: Ein paar Leistungen bieten Sie nur an, weil der Kunde sie unbedingt will; eigentlich sind Sie aber gar nicht so wild darauf, weil es Leistungen sind, die Sie nicht gerne erbringen, nicht so gut können oder an denen Sie nichts verdienen. Manches bieten Sie billiger an als Sie eigentlich wollen, weil Sie wissen, dass Sie sonst über den Preisen der Konkurrenz liegen. Sie tun es aber, weil Sie hoffen, den Kunden zu gewinnen und später lukrativere Aufträge an Land ziehen zu können. Bei manchen Kunden sind Sie grundsätzlich bereit, alles Menschenmögliche zu tun, für andere arbeiten Sie gar nicht gerne.

Das Unausgesprochene, nicht einmal klar Gedachte beeinflusst Ihr Schreiben erstaunlich stark: Angebote, die Sie nur schicken, weil Sie das diffuse Gefühl haben, Sie dürften doch nicht mutwillig auf möglichen Umsatz verzichten, schreiben Sie ganz anders als Angebote für Aufträge, die Sie unbedingt haben wollen. Das merken Sie vielleicht nicht beim Schreiben, aber Sie merken es an der Wirkung. Ihre Kunden spüren, wie engagiert, fokussiert und überlegt Sie bei der Sache waren.

Selbst bei einem vermeintlich glasklaren Anliegen wie einer Rechnung sollten Sie überlegen, was Sie neben dem Geld sonst noch wollen: Wollen Sie mit der Rechnung beispielsweise einen Dank verbinden? Eventuell einen Anreiz für einen Folgeauftrag?

Bevor Sie überlegen, *wie* Sie schreiben, müssen Sie also für sich klären, *was* Sie schreiben und welche Botschaften Sie im Einzelnen vermitteln wollen.

Die zweite Frage, die Sie sich stellen sollten, bevor Sie Ihre Finger auf die Tastatur legen, lautet:

Was soll der Kunde tun, nachdem er Ihr Schreiben gelesen hat?

Mit einem Angebot beispielsweise sagen Sie, was Sie für Ihren Kunden zu welchen Konditionen tun können und wollen. Das sollten Sie so gezielt und stimmig tun, dass Ihr Kunde Ihr Angebot auf Anhieb versteht und als für ihn passend und interessant befindet. Wenn Sie das schaffen, ist das prima. Es reicht aber noch nicht. Sie verfolgen mit dem Angebot schließlich einen Zweck: Der Kunde soll Ihnen den Auftrag erteilen. Was erwarten Sie also von ihm? Dass er Sie mit noch zu klärenden Fragen anruft? Einen Termin mit Ihnen vereinbart? Ihr Angebot unterschreibt und zurückfaxt? Ihnen eine Bestellung per Mail schickt?

Auch wenn Sie eine Rechnung stellen, haben Sie eine Vorstellung davon, was Ihr Kunde nach Erhalt tun soll, nämlich möglichst bald zahlen. Dann schreiben Sie doch, bis wann er zahlen soll und auf welchem Weg (z. B. per Lastschriftverfahren oder Überweisung). Je klarer Sie schreiben, welche Reaktion Sie sich wünschen und je einfacher und bequemer Sie diese Reaktion für Ihren Kunden machen, desto eher wird er tatsächlich wie gewünscht reagieren. Vorausgesetzt natürlich, Sie haben den Informationsstand Ihrer Kunden entsprechend berücksichtigt. Das führt uns zu Frage drei:

Was wissen Ihre Kunden bereits – welche Informationen benötigen sie noch?

Sie wissen jetzt, was Sie wollen und was Ihr Kunde nach dem Lesen idealerweise tun soll. Aber ist er schon über alles informiert, was er dazu wissen muss? Greifen wir das Einladungsbeispiel auf. Die Fragen, die sich die Vertriebssachbearbeiterin zur Klärung notierte, lauteten:

- *Wer sind die Kunden bzw. Interessenten?*
- *Welche Wünsche, Bedürfnisse und Erwartungen haben sie?*
- *Was wird ihnen auf der Hausmesse geboten?*
- *Inwiefern und warum ist das interessant und attraktiv für sie?*
- *Was ist das Hauptargument, das sie dazu bewegen dürfte, die Messe zu besuchen?*
- *Wann, wo und wie lange wird die Hausmesse stattfinden?*
- *Was müssen sie tun, um die Hausmesse besuchen zu können (ist z. B. eine Anmeldung erforderlich, sollen sie das Einladungsschreiben am Einlass vorzeigen?)*
- *Welche Kosten sind für sie mit dem Besuch der Messe verbunden?*

Das sind die Fragen, die sich die Leser des Einladungsschreibens stellen würden, bevor sie sich für oder gegen den Messebesuch entscheiden. Also sind das die Fragen, die im Schreiben beantwortet sein müssen. Denn: Ein Brief oder eine Mail zählen zwar grundsätzlich zur Einweg-Kommunikation, bei der nur einer der Partner eine Botschaft sendet und der Empfänger nicht direkt eingreifen kann. Dennoch spielt sich im Kopf des Empfängers ein stummer Dialog ab:

- *Wer schreibt mir denn da?*
- *Worum geht es?*
- *Was soll ich tun?*
- *Ist das interessant für mich? Was habe ich davon?*
- *Soll ich …?*

Diese Fragen und die Antworten darauf müssen Sie vorwegnehmen und die entsprechenden Informationen in Ihrem Text unterbringen, wenn Sie möchten, dass das Ergebnis des stummen Dialogs so ausfällt, wie Sie es sich wünschen.

Der zweite Schritt: Geben Sie Ihrem Schreiben Struktur und Form

Sie wissen nun, was Sie wollen, was Ihr Kunde tun soll und welche Informationen er dazu braucht. Nun müssen Sie das alles in eine sinnvolle Reihenfolge bringen und es so strukturieren, dass es gut aufgenommen werden kann.

Das Grundprinzip ist ebenso einfach wie einleuchtend: Sie bringen Ihr Anliegen so vor, dass Ihr Kunde es Schritt für Schritt erfassen kann.

Die Bestandteile eines Briefes

Da der innere Dialog des Lesers (Wer schreibt mir denn da? Worum geht es? ...) im Wesentlichen immer gleich abläuft, hat sich im Lauf der Zeit eine formale Briefstruktur etabliert, die es für den Schreibenden wie für den Lesenden leichter macht, bestimmte Informationen unterzubringen bzw. auf Anhieb zu finden. Jeder formgerechte Brief trägt einen Absender, gibt in der Betreffzeile an, worum es geht, nennt sein Erstellungsdatum und den Namen dessen, der den Brief verfasst und unterzeichnet hat.

Damit alle relevanten Daten sicher vorhanden und leicht auffindbar sind, wurde die formale Briefstruktur sogar in einer eigenen Norm geregelt: Die „Schreib- und Gestaltungsregeln für die Textverarbeitung" DIN 5008 gelten derzeit in der Fassung von 2005. Es sind sehr detaillierte Regeln bis hin zur verbindlichen Schreibweise von Währungsbezeichnungen und mathematischen Formeln. Ich bekenne, dass ich diese selbst nicht alle beherrsche. Als sehr nützlich empfinde ich aber den Abschnitt über das „Beschriften von Briefblättern".

Es lohnt sich, die eigenen Briefformulare einmalig DIN-gerecht einzurichten – anschließend brauchen Sie sich über die weitere Gestaltung keine Gedanken zu machen und wissen, dass diese auf jeden Fall formal korrekt ist. Die Kunden, die die Norm nicht kennen, sehen einen ordentlichen Briefbogen mit allen erforderlichen Angaben. Andere Kunden, und hier besonders die erfahreneren Sekretärinnen in Ihren Kundenunternehmen, sehen, dass Sie sich Gedanken gemacht haben und auf der Höhe der Zeit sind.

Tipp
Die DIN 5008: 2005 erhalten Sie unter www.beuth.de.

SÜSSKRAM GMBH
ZUCKERALLEE 23 - 12345 SÜSSSTADT - WWW.SUESSKRAM.DE

ALLES IN ZUCKER!

Prima Aktiva Hotels GmbH
Frau Merle Tieck
Schönblickstraße 1
99999 Musterstadt

Ihr Zeichen: pa-mt
Ihre Nachricht vom: 2009-05-18
Unser Zeichen: kep-12/234
Unsere Nachricht vom: 2009-05-11

Name: Sabine Keppler
Telefon: 0987 654-321
Mobil: 0171 1234567
Telefax: 0987 654-322
E-Mail: s.keppler@suesskram.de

Datum: 2009-05-25

Hier sind Ihre „Betthupferl"-Musterpackungen!

Sehr geehrte Frau Tieck,

wie letzten Montag besprochen, habe ich mich gleich an die Erstellung der Musterpackungen für die „Betthupferl" gemacht und sende Ihnen hier die drei verschiedenen Modelle zur Begutachtung. Gefüllt habe ich sie wie abgesprochen mit verschiedenen Trüffelpralinen ohne Alkohol.

Ich bin gespannt darauf, welche Ihnen und Ihren Gästen am besten gefällt. Mir persönlich hat es ja die herzförmige Schachtel mit dem Aufdruck „Träumen Sie süß" besonders angetan ...

Preise und Konditionen haben Sie in meinem Angebot vom 11.05. vorliegen. Bitte beachten Sie die Lieferzeiten: Wenn Sie die ersten 200 Schachteln in KW 25 geliefert bekommen möchten, müsste ich Ihre **Bestellung noch diese Woche** bekommen und weiterleiten. Sie erreichen mich bis Freitag um 16 Uhr.

Freundliche Grüße aus Süßstadt

Sabine Keppler

Sabine Keppler, Vertrieb

Anlagen
1 Musterpackung „Träum süß"
1 Musterpackung „Träumerle"
1 Musterpackung „Sleepwell"

Abb. 1: Briefgestaltung nach DIN 5008:2005, Musterbrief mit Informationsblock und Anlagenvermerk

Gut zu wissen

Die Briefbestandteile nach DIN 5008:2005

- **Absenderangabe:** Name, Straße, Postfach, Ort, im internationalen Schriftverkehr auch das Land des Absenders; diese Angaben werden nicht durch Leerzeilen getrennt
- **Zusatz- und Vermerkzone:** Sie haben drei Zeilen für Vorausverfügungen (z. B. „Bei Umzug mit neuer Anschrift zurück"), Produkte (z. B. „Einschreiben") und elektronische Freimachungsvermerke.
- Anschließend stehen Ihnen maximal sechs Zeilen für die eigentliche **Anschrift** zur Verfügung.
- Die Zusatz- und Vermerkzone ist so zu beschriften, dass zwischen ihr und der Anschriftenzone keine Leerzeile entsteht; die Anschrift enthält normgerecht ebenfalls keine Leerzeile (auch nicht zwischen Straße und Ort!).
- **Bezugszeichen:** Bezugszeichen (z. B. Ihr Name, Ihre Durchwahlnummer und das Erstellungsdatum des Briefes) drucken Sie eine Zeile unter die auf Ihrem Briefpapier dafür vorgesehenen Leitwörter (z. B. „unser Zeichen"/"Ihr Zeichen")
- Weitere Kommunikationsangaben (z. B. Faxnummer und E-Mail-Adresse) kommen in eine eigene **Kommunikationszeile**, die rechts neben der letzten Zeile des Anschriftenfeldes beginnt.
- Haben Sie mehr als zwei Kommunikationsangaben, können Sie diese alternativ mit den Bezugszeichen zu einem **Informationsblock** zusammenfassen, der rechts neben der ersten Zeile des Anschriftenfeldes beginnt.
- **Betreff:** Zwei Leerzeilen nach den Bezugszeichen bzw. dem Informationsblock geben Sie stichpunktartig an, worum es in Ihrem Schreiben geht. Man schreibt nicht mehr „Betreff:" oder „Betr.:" davor, darf den Betreff aber durch Fettdruck oder Farbe hervorheben (was ich zur besseren Orientierung empfehle).
- Die **Anrede** ist wiederum durch zwei Leerzeilen vom Betreff getrennt.
- Nach einer weiteren Leerzeile beginnt der eigentliche **Brieftext**.
- Nach dem Text und einer weiteren Leerzeile folgt die **Grußformel**.
- Wenn Sie möchten, lassen Sie nach dem Gruß eine Zeile frei und wiederholen dann maschinenschriftlich den Namen Ihres Unternehmens. Das ist zwar DIN-gerecht, aber meiner Meinung nach nicht notwendig, weil Sie den Absender in der Regel ohnehin auf Ihrem Briefbogen stehen haben.
- Anschließend lassen Sie etwa drei Zeilen frei, damit Ihre **handschriftliche Unterschrift** Platz hat.

- Sollten Sie mit einem **Zusatz** (z. B. „Im Auftrag/i. A." oder „per procura"/„ppa.") unterschreiben, stellen Sie diesen Zusatz zwischen die Grußformel bzw. Unternehmensbezeichnung und die anschließend folgende Wiederholung Ihres Namens. Angesichts der durchaus eingeschränkten Leserlichkeit der meisten Unterschriften rate ich dazu, Ihren Namen tatsächlich maschinenschriftlich zu wiederholen, und zwar mit Vor- und Nachnamen.
- Falls Sie Anlagen mitschicken, sollten Sie diese nach weiteren drei Leerzeilen kurz in einen entsprechenden **Anlagenvermerk** aufnehmen.

Absätze

Zur besseren Erfassbarkeit gliedern Sie den Text in Absätze und stellen jeden Hauptgedanken in einem eigenen Absatz dar. Absätze sind ein wesentliches Strukturelement, das Ihrem Leser die Orientierung erleichtert: *„Wo bin ich gerade, worum geht es hier?"* Ein Textprofi kann bereits anhand der Absatzstruktur erkennen, ob Sie sich gedanklich gut genug vorbereitet haben oder nicht. Ein „normaler" Leser erkennt das vielleicht nicht bewusst – auf ihn wirkt Ihre Absatzstruktur eben unbewusst.

Schreiben, die sich bandwurmartig in einem großen Textblock vom Logo bis zur Unterschrift winden, sprechen dafür, dass es Ihnen nicht gelungen ist, die wichtigsten inhaltlichen Punkte zu erkennen und deutlich zu machen. Das macht es für den Leser anstrengend, die für ihn relevanten Informationen aus Ihrem Textwust zu filtern. Mit so einem Schreiben befasst er sich nicht gerne.

Bei Umzug Anschriftenbenachrichtigungskarte!
Wenn unzustellbar, zurück!
Aquila Capital Alternatives GmbH, Ferdinandstr. 25-27, 20095 Hamburg

Frau
Barbara Kettl-Römer
Mühlenweg 1
87634 Günzach

Hamburg, im August 2008
MLWA3408

Einladung zu unserer
Kundenveranstaltung im Herbst 2008

Sehr geehrte Frau Kettl-Römer,

das Jahr 2008 ist durch Extreme wie steigende Rohstoff- und Energiepreise, die Kreditkrise (Subprime) und hohe Volatilität an den Börsen geprägt. Wer ausschließlich auf klassische Aktien- und Rentenanlagen gesetzt hat, musste sogar teilweise erhebliche Verluste in Kauf nehmen. Dies sind Zeichen und Auswirkungen einer **Welt im Wandel**, die durch das hyperexponentielle Bevölkerungswachstum, die zunehmende Industrialisierung der BRIC-Staaten und den weltweiten Klimawandel geprägt ist. Darüber hinaus soll ab dem **01. Januar 2009** die **Abgeltungssteuer** mit **25 % Pauschalbesteuerung** planmäßig zur Verbesserung des Bundeshaushaltes beitragen. Als Investor werden Sie dadurch vor die Herausforderung gestellt, auch unter steuerlichen Gesichtspunkten die richtige Entscheidung zu treffen, da durch den **Wegfall** der **Spekulationsfrist jegliche Gewinnmitnahmen kostenpflichtig** werden.

Im Rahmen unserer Veranstaltungsreihe werden wir gezielt auf **die Megatrends des 21. Jahrhunderts** eingehen und aufzeigen, wie Sie an diesen Entwicklungen **abgeltungssteuerfrei** partizipieren können. Erstmalig in Deutschland stellen wir Ihnen dazu den Fonds **AgrarINVEST I** vor, der weltweit in die immer **knapper werdenden Agrarflächen** investiert und von der gesamten Wertschöpfungskette profitiert. Außerdem präsentieren wir Ihnen unseren HHVM Global Endowment Fonds, ein **Fondskonzept mit aktiver Vermögensverwaltung** nach dem **Allokations-Ansatz** der **Yale Stiftung**. Der Fonds bildet alle Yale-Anlageklassen ab und beinhaltet exklusive Beteiligungen, die aufgrund hoher Einstiegsbarrieren oder exklusiver Zugänge nicht direkt zu zeichnen sind. Des Weiteren präsentieren wir Ihnen eine **innovative Schiffsbeteiligung** mit einer **kurzen Laufzeit** von **5** (maximal 10) **Jahren**, einer sehr niedrigen Kostenstruktur und herausragendem Marktzugang durch Howe Robinson, dem **weltweit größten Containerschiffsbroker**.

Veranstaltungsablauf:

18.30 – 19.00:	Empfang
19.00 – 19.10:	Begrüßung durch die Aquila Capital Alternatives
19.10 – 19.40:	Die **Megatrends des 21. Jahrhunderts**
19.40 – 20.05:	**AgrarINVEST I**: Investition in die knapper werdenden Agrarflächen weltweit
20.05 – 20.30:	**Global Endowment Portfolio**: Erster Fonds nach dem Yale-Allokations-Ansatz
20.30 – 20.55:	**Innovative Schiffsbeteiligung:** Exklusiver Marktzugang durch **Howe Robinson**
Ab 20.55:	Informationsaustausch & gemeinsames Buffet

Bei Interesse nutzen Sie bitte das **beigefügte Anmeldeformular**. Wir freuen uns über Ihre Anwesenheit. Bitte beachten Sie, dass die **verfügbaren Plätze limitiert** sind.

Es grüßen Sie freundlich

Rafael Vidal López
- Geschäftsführer -
Aquila Capital Alternatives

Thore Kaiser
- Senior Investment Consultant –
Aquila Capital Alternatives

Aquila Capital Alternatives GmbH
Ferdinandstr. 25-27
20095 Hamburg
Deutschland

www.aquila-alternatives.de
Telefon: +49 (0)40 41188 79-0
Fax: +49 (0)40 41188 79-79
E-Mail: info@aquila-alternatives.de

Geschäftsführer
Axel Stiehler
Rafael Vidal López
Handelsregister: HRB 95329

Bankverbindung
Commerzbank AG Hamburg
BLZ: 200 400 00
Konto: 629 11 7300

Abb. 2: Zu wuchtige Textblöcke „erschlagen“ den Leser.

Das andere Extrem sind Schreiben, die aus vielen zwei- und dreizeiligen Absätzchen bestehen. Sie wirken wirr und ungeordnet, als wären Sie gedanklich hektisch hin- und hergesprungen. Entsprechend schwer ist es für den Leser, Ihren Ausführungen zu folgen.

> Allgemeinwissenschaftliche Wahlpflichtfächer im Wintersemester 2005/2006
>
> Sehr geehrte Frau Kettl-Römer,
>
> wir freuen uns Ihnen mitteilen zu dürfen, dass die von Ihnen angebotene AW-Vorlesung „Moderne Korrespondenz – Briefe korrekt und stilsicher schreiben" wie geplant ab dem 17.10.2005 gehalten werden kann.
>
> Die Zeit und den Raum für Ihre Veranstaltung entnehmen Sie bitte dem beigelegten Vorlesungsplan.
>
> Sollten Sie einmal verhindert sein, Ihre Vorlesung abzuhalten, so erbitten wir Ihre umgehende Nachricht an das Fachbereichssekretariat (Tel.-Durchwahl –151 oder E-mail sekretariat-fb-aw-bw@fh-kempten.de).
>
> Gleichzeitig erhalten Sie die Teilnehmerliste der Studenten für Ihr AW-Fach. An den studienbegleitenden Leistungsnachweisen, die als 60-minütige Klausur (Berufs- und Arbeitspädagogik und Sprachen 90-min.) durchzuführen sind, können nur Studierende teilnehmen, die in der Anmeldeliste eingetragen sind.
>
> Bitte berücksichtigen Sie, dass Ihre **Prüfung** anstelle der regulären Vorlesung im Zeitraum vom **12.01. bis 18.01.2006** (außer Sprachen) stattfinden muss.
>
> Sie stellen die Prüfungsthemen und nehmen auch die Bewertung vor. Die Prüfungsunterlagen erhält das Prüfungsamt (Herr Gerke), der Ihnen auch bei der Vervielfältigung der Aufgaben behilflich ist.
>
> Alle für die Prüfung erforderlichen Unterlagen (Liste der angemeldeten Teilnehmer, Sitzplan, Papier usw.) erhalten Sie vom Prüfungsamt.
>
> Eine Terminverlegung der Prüfung ist nur in schwerwiegenden Fällen nach Rücksprache mit unserem Dekan, Herrn Prof. Dr. Weis, möglich.
>
> Bei Rückfragen wenden Sie sich bitte an unser Fachbereichssekretariat.
>
> Mit freundlichen Grüßen
>
> Prof. Dr. Bauer
> – AW-Beauftragter –

Abb 3: Zu viele kurze Absätze verwirren den Leser.

Als ideal lesbar gelten Absätze zwischen drei und fünf Zeilen, und davon nicht zu viele. Wenn Sie zehn Hauptgedanken in einem Text unterbringen wollen, sollten Sie keinen Brief schreiben, sondern lieber einen Flyer oder ein Booklet erstellen.

Hervorhebungen

Wenn Sie wissen, was der zentrale Inhalt eines jeden Absatzes ist, sollten Sie diesen optisch hervorheben. Hervorhebungen bieten Ankerpunkte für das Auge und erleichtern es dem Leser, schnell zu erfassen, worum es geht und welche die wesentlichen Punkte sind.

Geeignete Hervorhebungen sind Unterstreichungen, Fettdruck, Farbe und Zentrieren. Unterstreichungen können im Text allerdings leicht untergehen. Wenn Sie sich für eine Farbe entscheiden, dann am besten für ein kräftiges Rot oder Blau; alles andere ist eher schlecht lesbar. Wenn Sie es einfach und prägnant zugleich wollen,

formatieren Sie Hervorhebungen fett und zentriert.

Daran bleibt Ihr Leser garantiert hängen. Wobei auch hier wieder gilt: nicht übertreiben. Fünf fette zentrierte Botschaften auf einem Blatt wirken nicht mehr als Ankerpunkte, sondern lassen den Leser irritiert mit der Frage zurück: *„Ja, was ist denn jetzt das wirklich Wichtige?"* Und Sie wissen ja: Verwirrte und irritierte Empfänger sind nicht unbedingt in Kauflaune ...

2. Schreiben Sie so, dass Ihre Kunden Sie verstehen

Kundenorientierung in der Korrespondenz bedeutet zweierlei: Zum einen geht es darum, die Botschaft des Schreibens mit den Augen Ihrer Kunden zu sehen und aus dem Blickwinkel Ihrer Kunden zu argumentieren. Zum anderen geht es um die Sprache: Je leichter Sie es Ihren Kunden machen, Sie zu verstehen, je mehr Sie mit den Worten Ihrer Kunden schreiben und je freundlicher und direkter Sie formulieren, desto besser. In diesem Kapitel erfahren Sie, wie Sie Kundenorientierung argumentativ und sprachlich konkret umsetzen.

In aller Regel schreiben Sie einem Kunden, weil Sie etwas von ihm wollen: Er soll sich beispielsweise für Ihre Leistungen interessieren, Ihnen einen Auftrag erteilen, eine Rechnung bezahlen oder Sie weiterempfehlen. Selbst wenn Sie einen Dank oder einen Glückwunsch schicken, tun Sie das nicht nur, weil Sie ein so netter Mensch sind, sondern auch, weil Sie die Beziehung zu Ihren Kunden pflegen und festigen wollen.

Das ist völlig in Ordnung. Schließlich leben wir alle davon, dass unsere Kunden sich für unsere Leistungen interessieren, bei uns etwas kaufen bzw. bestellen und bezahlen. Auf der anderen Seite gilt: Auch Ihr Kunde hat seine eigenen Interessen. Er widmet Ihnen weder seine Aufmerksamkeit noch sein Geld, nur weil Sie das gerne möchten oder weil Sie auch von etwas leben müssen. Ihr Kunde interessiert sich grundsätzlich überhaupt nicht für Sie, sondern für das, was Sie ihm zu bieten haben und den Nutzen, den er davon hat. Und das ist ebenfalls völlig in Ordnung.

Sie sollten es aber berücksichtigen, wenn Sie Ihren Kunden schreiben.

Stellen Sie den Kundennutzen in den Vordergrund

Erinnern Sie sich an den stummen Dialog des Lesers? Die für Ihren Kunden entscheidenden Fragen sind

Ist das interessant für mich? Was habe ich davon?

Je besser Sie sich in Ihren Kunden, in seine Situation, seine Bedürfnisse und Wünsche einfühlen und je besser Sie in diesem, in seinem Sinne, argumentieren, desto leichter werden Sie mit Ihren Schreiben erreichen, was Sie wollen. Und desto zufriedener wird Ihr Kunde mit Ihnen sein.

Wie Sie das machen? Am besten, indem Sie Antworten auf diese vier Fragen finden:
- Wer und wie sind Ihre Kunden?
- Welchen Stellenwert haben Sie für Ihre Kunden?
- Welche Bedürfnisse haben Ihre Kunden?
- Welchen Nutzen können Sie Ihren Kunden bieten?

Anschaulicher wird die Beantwortung dieser Fragen anhand eines Beispiels aus dem wirklichen Leben:

Sehr geehrter Herr ...,

bei der vorgenommenen Mängeldurchschau musste ich feststellen, dass für die zur Abstellung gemeldeten Mängel, die Ihnen in schriftlicher Form mitgeteilt wurden, bei mir noch keine Rückmeldung der Erledigung vorliegt.

Ich bitte Sie, die Mängel bis zum 17.06.200X zu beheben und mir dies durch Rücksendung des schon gesendeten Bestätigungsbogens mitzuteilen.

Ungeachtet Ihrer Eigenverantwortung und Ihrer daraus resultierenden privatrechtlichen Haftung bin ich durch den Gesetzgeber nach § 13 SchfG verpflichtet, die Mängelmitteilung an die zuständige Behörde weiterzuleiten, sofern die Behebung des Mangels nicht innerhalb der Verlängerungsfrist durchgeführt wird.

Mit freundlichen Grüßen

Bezirkskaminkehrermeister

Dieser Brief wurde tatsächlich in genau diesem Wortlaut versandt! Wie finden Sie ihn? Und wie hat sich wohl der Empfänger dieses Briefes gefühlt, nachdem er ihn gelesen hatte?

Meine Interpretation des Inhalts lautet: Ein Hauseigentümer hatte offensichtlich die vom Kaminkehrer geforderten Reparaturmaßnahmen nicht durchführen lassen bzw. nicht mitgeteilt, dass er sie hatte durchführen lassen. Dafür wurde er erst gerügt und dann bedroht. Das ist das Gegenteil von Kundenorientierung!

Sie können natürlich einwenden, dass ein Bezirkskaminkehrermeister keine echten Kunden hat. Das heißt, er hat zwar Kunden, aber diese beauftragen ihn nicht freiwillig, sondern sind gesetzlich dazu verpflichtet, ihre Heizanlagen und Kamine von dem für ihren Wohnort zuständigen Kaminkehrermeister kontrollieren zu lassen. Ein Kaminkehrer braucht sich um seine Kundenbeziehung also nicht weiter zu kümmern und muss nicht kundenorientiert schreiben. Das stimmt. Das ist vermutlich auch der Grund, warum ein Schreiben wie dieses überhaupt formuliert und verschickt werden konnte.

Ich verwende es hier dennoch, weil es so schön illustriert, wie man es *nicht* machen sollte. Außerdem werden sich zukünftig selbst die Bezirkskaminkehrermeister an mehr Kundenorientierung gewöhnen müssen: Ab 2013 können Hauseigentümer nämlich frei wählen, welcher Kaminkehrer die vorgeschriebenen Kontrollen bei ihnen vornehmen darf. Ob sie sich dann für einen entscheiden, der ihnen solche Briefe geschickt hat?

Wer sind Ihre Kunden?

Im Beispiel sind es private und gewerbliche Hauseigentümer, die einen Kaminkehrer beauftragen müssen.

Wie ist das bei Ihnen? Wer sind Ihre Kunden? Wem schreiben Sie? Halten Sie sich ein paar Ihrer wichtigeren Kunden konkret vor Augen. Sie schreiben schließlich nie an „einen Haushalt" oder „ein Unternehmen". Sie wenden sich immer an einen Menschen. Was sind das für Leute?

Sind es Privatpersonen, Unternehmer oder Angestellte anderer Unternehmen, denen Sie schreiben? Was wissen Sie über Ihre Kunden und ihre Kaufsituation? Was wissen Sie über ihre Wünsche und Probleme, über ihre Gewohnheiten und Interessen, über ihr Fachwissen und ihre Erfahrungen? Wer und wie ist ein typischer Kunde? Und wem schreiben Sie im konkreten Fall? Was wissen Sie über den Empfänger genau des Schreibens, das Sie gerade formulieren wollen?

Sie werden sehen: Sobald Sie sich beim Schreiben eine bestimmte Person und ihre individuelle Situation vor Augen führen, wird es Ihnen deutlich leichter fallen, die für sie passenden Worte zu finden.

Welchen Stellenwert haben Sie für Ihre Kunden?

Die Kaminkehrer-Kunden haben (noch) keine Wahl: Sie sind gesetzlich dazu verpflichtet, die Leistung des Kaminkehrers in Anspruch zu nehmen und seinen Anweisungen nachzukommen. Sie können sich (noch) nicht dafür entscheiden, einen Kollegen bzw. Konkurrenten zu beauftragen. Der Kaminkehrer hat für sie also schlimmstenfalls den Stellenwert eines notwendigen Übels. Bestenfalls sehen sie ihn als einen ein wenig lästigen, aber freundlichen Garanten einer sicheren und umweltschonenden Heizung – wenn er es denn schafft, den Nutzen seiner Leistung zu vermitteln. Das zu tun, liegt in seinem Interesse, wenn er die geplante Liberalisierung im Blick hat.

Wenn Sie für eine Behörde arbeiten, befinden Sie sich in einer ähnlichen Situation – einerseits komfortabel, weil Ihre „Kunden" keine Alternative haben. Andererseits sehen Sie sich auch bei einer Behörde zunehmend Forderungen nach mehr Kunden- und Bürgerfreundlichkeit und manchmal auch privater Konkurrenz ausgesetzt. Die Bürger stellen heute höhere Ansprüche an die Verwaltung und melden sich schneller und lautstark zu Wort, wenn sie unzufrieden sind.

Wenn Sie für ein privatwirtschaftliches Unternehmen arbeiten oder selbstständig sind, sieht die Sache ganz anders aus: Ihre Kunden kaufen bei Ihnen, weil sie wollen, nicht weil sie es müssen. Sie haben sich mehr oder weniger bewusst für Sie als Dienstleister bzw. Lieferanten entschieden. Je nachdem, wie wichtig Ihre Leistung für sie ist, haben sie für diese Entscheidung mehr oder weniger Zeit und Mühe aufgewendet.

Vielleicht sind Sie in der glücklichen Lage, eine einzigartige Leistung anzubieten, die Ihre Kunden unbedingt brauchen und nirgendwo anders bekommen können. Dann brauchen Sie sich um Kundenorientierung nicht allzu viele Gedanken zu machen. Das dürfte allerdings die Ausnahme sein. Meist haben Ihre Kunden die Wahl zwischen mehreren, im Prinzip vergleichbaren Anbietern. Je mehr und stärkere Konkurrenten Sie haben, desto mehr müssen Sie um Ihre Kunden kämpfen, und desto mehr müssen Sie Kundenorientierung leben – und schreiben.

Welche Bedürfnisse haben Ihre Kunden?

Was glauben Sie, was die Kunden des Kaminkehrermeisters möchten? Ich wage die Vermutung, dass sie in erster Linie Ärger vermeiden und ihre Bequemlichkeit wahren wollen. Sie wollen ohne großen Aufwand der gesetzlichen Verpflichtung nachkommen, damit sie sich sicher fühlen und weiter ihre Ruhe haben können. Und das alles zu möglichst niedrigen Kosten. Das gute Gewissen in Bezug auf die Umwelt ist für die meisten eher ein Nebeneffekt, den sie aber durchaus angenehm finden.

Und wie ist das bei Ihnen? Was wollen Ihre Kunden? Was ist für sie wichtig? Worauf legen sie Wert?

Zumindest teilweise können Sie diese Fragen sicher aus eigener Erfahrung beantworten: Die meisten Kunden wünschen sich von Ihnen genau das, was Sie sich von Ihren Geschäftspartnern wünschen: Sie legen Wert auf Zuverlässigkeit, auf eine von ihnen als gut eingeschätzte Qualität, auf ein aus ihrer Sicht vernünftiges Preis-Leistungs-Verhältnis und, ja, auch das, auf eine menschlich angenehme Beziehung zu ihren Lieferanten und Dienstleistern. Sie wollen als Kunde und als Mensch Wertschätzung von Ihnen erfahren. Andere Dinge sind je nach Branche und Art der Leistung verschieden: Mal spielt die Flexibilität und Individualität der Leistung eine größere Rolle, mal sind es technische Details oder Lieferzeiten, die den Ausschlag für oder wider eine Kaufentscheidung geben.

> **Gut zu wissen**
>
> ### Die Bedürfnispyramide nach Maslow
>
> Wenn Sie die Frage nach den Bedürfnissen Ihrer Kunden etwas grundsätzlicher angehen möchten, ist ein Blick auf eines der bekanntesten theoretischen Modelle zu diesem Thema hilfreich: die von Abraham Maslow entwickelte Bedürfnispyramide. Sie ist nicht das einzige Bedürfnismodell, und wie alle Modelle stellt sie eine komplexe Wirklichkeit vereinfacht und ausschnitthaft dar. Aber sie ist sehr schlüssig und gut nachvollziehbar und kann Ihnen dabei helfen, die Wünsche und das Verhalten Ihrer Kunden (und Mitmenschen) besser zu verstehen.

Abb. 4: Bedürfnispyramide nach Maslow

Maslow ordnete die menschlichen Bedürfnisse fünf Kategorien zu, die hierarchisch aufeinander aufbauen:

Physiologische Bedürfnisse Dazu gehört alles, was unser Körper braucht, um leben und „richtig funktionieren" zu können: das Bedürfnis nach Nahrung, nach Wärme, nach Ruhe und Schlaf, nach der Vermeidung von Schmerz. Solange diese Grundbedürfnisse unbefriedigt sind, interessieren wir uns für wenig anderes: Wer hungert, beschäftigt sich hauptsächlich damit, etwas zu essen aufzutreiben und hat wenig Interesse an anderen Dingen.

Sicherheitsbedürfnisse Wenn unser Körper mit dem Notwendigsten versorgt ist, möchten wir gerne, dass das so bleibt: Wir wünschen uns Schutz vor negativen äußeren Einflüssen und körperliche Sicherheit. Genauso stark suchen wir aber auch nach Struktur und Ordnung und damit nach psychischer Sicherheit. Haben wir weitgehend, was wir zu unserem Schutz brauchen, entdecken wir unsere

Zugehörigkeitsbedürfnisse Wir sehnen uns nach Freunden, nach einer erfüllten Beziehung zu einem Partner und eventuell nach eigenen Kindern. Wir versuchen, Teil einer Gruppe zu werden, einer Kirche, eines Vereins oder einer Familie. Menschen sind soziale Wesen und haben ein tiefes Bedürfnis danach, Teil einer Gemeinschaft zu sein.

Achtungsbedürfnisse Zu einer Gruppe zu gehören, ist schön. Noch schöner ist es, innerhalb der Gruppe eine angesehene Stellung zu haben. Das Streben nach Aufmerksamkeit und Anerkennung durch andere, nach Status, Ehre oder Ruhm, bricht sich Bahn. Zu den Achtungsbedürfnissen gehört auch das nach Selbstachtung, die durch Selbstvertrauen, Kompetenz und Leistung entsteht.

Selbstverwirklichung Dieses Bedürfnis steht an der Spitze der Pyramide, weil es sich nach Maslow erst einstellen kann, wenn die anderen Bedürfnisse weitgehend erfüllt sind. Anders als diese bleibt Selbstverwirklichung unabhängig von der sonstigen Lage des Menschen aber immer ein Bedürfnis, wenn es sich erst einmal eingestellt hat. Hier geht es darum, die eigenen Potenziale auszuschöpfen, alles zu sein, was man sein kann und seinen eigenen Weg zu finden.

Diese Bedürfnisse wirken auf uns Menschen als mächtige Antriebskraft und bestimmen unser Handeln. Wobei eine bestimmte Handlung nicht unbedingt einem einzigen bestimmten Bedürfnis zuzuordnen ist, sondern auch zur Befriedigung mehrerer oder sogar aller Stufen der Bedürfnispyramide dienen kann.

Beispiel: Geld

Warum nimmt ein Mensch viel Zeit und Mühe auf sich, um Geld zu verdienen? Zunächst ganz einfach, damit er seine körperlichen Grundbedürfnisse (Nahrung, Kleidung, Wärme) erfüllen und damit rein physisch überleben kann. Geld bedeutet aber noch mehr. Etwa weitere Sicherheit: Mit genügend Geld auf der Seite braucht man sich vor den Unwägbarkeiten des Lebens wie plötzlicher Arbeitslosigkeit oder Wirtschaftskrisen weniger zu fürchten. Geld kann uns außerdem den Zugang zu sozialen Gruppen erkaufen. Unsere Stellung innerhalb von Gruppen können wir durch einen bestimmten Umgang mit Geld wie z. B. dem Kauf teurer Statussymbole oder auch durch den demonstrativen Nicht-Kauf bestimmter Dinge beeinflussen. Und natürlich hilft Geld auch, uns ganz den Dingen zu widmen, die uns wirklich wichtig sind. (Obwohl zur echten Selbstverwirklichung meist gar nicht besonders viel Geld erforderlich ist.)

Schon dieser sehr kurze Streifzug durch die menschlichen Bedürfnisse erklärt, warum „Geld sparen" oder „Geld bekommen" ein ausgesprochen mächtiges Nutzenargument ist.

Welchen Nutzen können Sie Ihren Kunden bieten?

Die Leistung des Kaminkehrers hat einen Nutzen für seine Kunden: eine sichere und umweltschonende Heizung sowie die Vermeidung von Ärger mit dem Landratsamt. Das Bedürfnis, das damit angesprochen wird, ist das nach Sicherheit.

Welchen Nutzen können Sie Ihren Kunden bieten? Was haben diese davon, wenn sie bei Ihnen kaufen oder einem der anderen Anliegen in Ihrem Schreiben nachkommen? Welche zugrundeliegenden Bedürfnisse erfüllen Sie damit?

Jetzt sind wir beim Kern der kundenorientierten Haltung: Sie betrachten Ihre Leistung und Ihr Anliegen vom Standpunkt Ihrer Kunden aus und filtern heraus, welchen Nutzen sie aus diesem Blickwinkel haben. Das ist manchmal gar nicht so einfach, denn Sie müssen dazu Ihre eigenen Gefühle, Bedürfnisse und Wünsche beiseiteschieben und sogar infrage stellen. Natürlich möchten Sie möglichst zahlreiche Kunden, die möglichst viel und teuer bei Ihnen einkaufen bzw. Sie umfangreich beauftragen, die pünktlich und großzügig zahlen und angenehm im Umgang sind. Aber darum geht es hier nicht. Hier geht es darum, was Ihre Kunden sich von Ihnen wünschen und was Sie tun müssen, um sich als idealer Geschäftspartner für sie zu erweisen.

Wenn Sie den Kundennutzen erst einmal klar erkannt haben, brauchen Sie ihn nur noch aufzuschreiben. Das ist nicht mehr besonders schwierig.

So argumentieren Sie nutzenorientiert

Der Kaminkehrer appelliert in unserem Beispielschreiben an das Sicherheitsstreben seiner Kunden. Das ist an sich der richtige Ansatzpunkt. Allerdings tut er das, indem er den Kunden rüffelt und Sanktionen androht. Das ist falsch. Vorhandene Ängste Ihrer Kunden anzusprechen kann zwar sehr wirkungsvoll sein, wenn Sie eine Lösung anzubieten haben, die Sicherheit verspricht, und damit als „Retter" erscheinen. Mehr oder weniger verhüllte Drohungen haben in kundenorientierter Korrespondenz aber nichts zu suchen.

Die Furcht vor Strafe kann, wie bei der Kindererziehung, durchaus zum erwünschten *Verhalten* führen. Zu einer vertrauensvollen *Beziehung* führt sie sicher nicht. Ich empfehle Ihnen daher, die Bedürfnisse Ihrer Kunden mit positiven Argumenten anzusprechen, wo immer es möglich ist.

Es gibt natürlich Ausnahmen: Bei der dritten Mahnung dürfen Sie ruhig massiver werden – auf die gute Beziehung zu einem dauerhaft zahlungsunwilligen und/oder -unfähigen Kunden können Sie schließlich verzichten.

Die folgende Tabelle zeigt Ihnen Beispiele, die es Ihnen erleichtern sollen, Ihre eigenen Anliegen in Nutzenargumente zu „übersetzen":

Anlass des Schreibens	Ihr Anliegen	Nutzen für Ihren Kunden	angesprochenes Bedürfnis
Auftragsbestätigung	Rechtssicherheit für sich schaffen	– Bestätigung, dass Sie seine Wünsche richtig erfasst haben und zur Grundlage Ihrer Arbeit machen – rechtlich verbindliches Dokument, also Rechtssicherheit für Ihren Kunden	Sicherheit

Anlass des Schreibens	Ihr Anliegen	Nutzen für Ihren Kunden	angesprochenes Bedürfnis
Einladung zur Geschäftseröffnung	möglichst viel Aufmerksamkeit für Ihr neues Geschäft, potenzielle Kunden anziehen	– einen netten, geselligen Abend haben – zu einem exklusiven Teilnehmerkreis gehören, dem etwas Besonderes geboten wird – seine Neugier befriedigen, Neues kennen lernen	Zugehörigkeit Achtung Selbstverwirklichung
Gratulation	Kundenbeziehung festigen	– sich wertgeschätzt fühlen	Zugehörigkeit/Achtung
Rechnung	Ihr Geld bekommen Grundlage für nächsten Auftrag schaffen	– rechtssicheres Dokument – gegebenenfalls steuerliche Absetzbarkeit – durch schnelle Zahlung Geld sparen (Skonto) – sich gut fühlen, weil man die richtige Kaufentscheidung getroffen hat – sich als fairer Geschäftspartner fühlen	Sicherheit (Selbst-)Achtung
Mahnung	endlich Ihr Geld bekommen, ohne den Kunden zu verprellen	– ohne allzu große Peinlichkeit an ein Versäumnis erinnert werden – sich besser fühlen, wenn die Sache vom Tisch ist – rechtliche Konsequenzen vermeiden	Achtung Sicherheit

Wie hätte unser Kaminkehrer also nutzenorientiert argumentieren können? Wohl eher mit einem – positiven – Appell an das Streben nach Sicherheit und (Selbst-)Achtung seines Kunden. In der Sache muss er natürlich hart bleiben. Das könnte beispielsweise so aussehen:

> Sehr geehrter Herr ...,
>
> sicher erinnern Sie sich, dass ich bei meinem Besuch am 18.04.200X drei größere Rostlöcher im Rauchrohr Ihrer Ölheizung festgestellt habe. Wie Sie wissen, kann das gefährliche Folgen haben, weil durch diese Löcher giftige Abgase austreten.
>
> Haben Sie die Rostlöcher inzwischen reparieren lassen? Bei mir ist leider das Formular noch nicht eingetroffen, das ich Ihnen dagelassen hatte, damit Sie die Reparaturmaßnahmen bestätigen können.
>
> Sollten Sie noch nicht dazu gekommen sein, die Reparatur ausführen zu lassen, bitte ich Sie, dies in den nächsten 14 Tagen nachzuholen. Die Rostlöcher gefährden die Bewohner Ihres Hauses. Ich bin sicher, dass Sie das nicht wollen. Übrigens bin ich rechtlich dazu verpflichtet, das Landratsamt zu verständigen, falls der Bestätigungsbogen nicht fristgerecht bei mir eintrifft.
>
> Bitte senden Sie mir den ausgefüllten Bestätigungsbogen bis zum 17.06.200X zu.
>
> Mit freundlichen Grüßen

Formulieren Sie im Sinne Ihrer Kunden

Ohne das Kaminkehrer-Beispiel überstrapazieren zu wollen, haben Sie daran vielleicht auch noch einmal gesehen, dass nicht nur die Nutzenargumentation, sondern auch die konkreten Formulierungen einen großen Unterschied in Sachen Kundenorientierung ausmachen. Halten wir noch einmal fest: Sie wollen,

- dass Ihr Kunde versteht, was Sie von ihm wollen bzw. für ihn haben,
- dass er Ihrer Argumentation folgen kann und sie einleuchtend findet,
- dass er seine Bedürfnisse und Wünsche in Ihren Schreiben wiederfindet und
- dass er sich von Ihnen als Mensch und in seiner Bedeutung als Kunde geschätzt fühlt.

Entsprechend sorgsam sollten Sie Ihre Formulierungen wählen. Teil II liefert Ihnen etliche Tipps, Checklisten und Musterbriefe, die Ihnen dabei helfen sollen, Ihre eigenen kundenorientierten Schreiben zu verfassen.

Eine Einschränkung möchte ich aber an dieser Stelle machen: *Das* absolut perfekte und für jeden Kunden passende Musterschreiben gibt es nicht, und zwar für keinen einzigen Anlass. Letztlich müssen Sie immer die ganz individuelle Situation und Beziehung, in der Sie und Ihr Kunde sich befinden, berücksichtigen und Ihre eigenen Worte finden. Dieses Buch kann Sie dabei wirkungsvoll unterstützen. Es kann Ihnen die Mühe aber nicht vollständig abnehmen.

Es gibt jedoch grundlegende Unterschiede zwischen guter (kundenorientierter) und schlechter (unverständlicher, umständlicher, distanzierter, kurz: kundenfeindlicher) Sprache. Fangen wir also an dieser Stelle damit an, wie Sie *nicht* formulieren sollten. Ich stelle Ihnen die sieben häufigsten Formulierungsfallen vor, damit Sie diese leicht erkennen, vermeiden und es besser machen:

Formulierungsfalle 1: Vorreiter

„Bei der vorgenommenen Mängeldurchschau musste ich feststellen, dass ..."

Das ist ein klassischer Vorreiter, nämlich eine Satzeinleitung, die für sich gesehen keinen Inhalt hat und deswegen ganz und gar überflüssig ist. Vorreiter haben zudem eine unangenehme Nebenwirkung: Sie verdrängen die eigentliche Satzaussage in den Nebensatz. Da gehört sie aber nicht hin, gilt doch für verständliche Sprache die eherne Regel:

Hauptsachen gehören in Hauptsätze,
Nebensachen in Nebensätze.

Weitere typische Vorreiter sind beispielsweise

- Leider müssen wir Ihnen mitteilen, dass ...
- Wir dürfen Sie darauf hinweisen, dass ...
- Wir möchten Sie darauf aufmerksam machen, dass ...
- Bitte gestatten Sie uns den Hinweis, dass ...

Besonders häufig finden sich Vorreiter am Briefanfang, etwa

- Dankend haben wir Ihren Brief erhalten und teilen Ihnen mit, dass ...
- Wir freuen uns, Ihnen mitteilen zu dürfen ...
- In Bezug auf Ihre Reklamation vom ... möchten wir klarstellen, dass ...

Der Vorreiter-Briefeinstieg kommt meistens dadurch zustande, dass der Schreibende das Gefühl hat, es wäre irgendwie unhöflich, gleich am Briefanfang zur Sache zu kommen. Auch Vorreiter im weiteren Brieftext werden vom Schreibenden oft für besonders höflich oder jedenfalls für gewähltere Sprache gehalten.

So machen Sie es besser Vorreiter sind überflüssig. Also lassen Sie sie einfach weg. Insbesondere, wenn Sie es mit Geschäftskunden zu tun haben, zeigt sich Kundenorientierung unter anderem in der Kürze Ihres Schreibens. Ihre Kunden haben mehr als genug zu tun und zu lesen; als rücksichtsvoller Absender muten Sie ihnen nichts Unnötiges zu.

Wenn Sie beim Briefeinstieg nicht mit der Tür ins Haus fallen wollen, schreiben Sie als Erstes einen Satz des Dankes oder der Freude *(„Vielen Dank für Ihre Anfrage"* oder *„Wir freuen uns über Ihren Auftrag")*. In den meisten Fällen spricht aber gar nichts dagegen, direkt zur Sache zu kommen. Persönlicher und aufrichtiger klingen Sie ohne Vorreiter übrigens auch.

Beispiel

„Sehr geehrte Frau …

wie wir heute erfahren haben, haben Sie uns in Ihrem Freundeskreis weiterempfohlen, wofür wir Ihnen ganz herzlich danken. Frau Dr. Heiligsfeld und Herr Führich haben sich zu unserem Seminar „Erkenne dich selbst" angemeldet (…)"

Das ist höflich. Aber doch auch ein wenig steif. Außerdem gerät die Kernaussage, nämlich der Dank, in einen Nebensatz und wird so unfreiwillig zur Nebensache. Warum nicht gleich mit dem Dank anfangen?

„Sehr geehrte Frau …,

vielen herzlichen Dank für Ihre Empfehlung! Heute haben sich auf Ihre Anregung hin Frau Dr. Heiligsfeld und Herr Führich zu unserem Seminar „Erkenne dich selbst" angemeldet. Darüber haben wir uns sehr gefreut. (…)"

Formulierungsfalle 2: „Substantivitis" (auch: Nominalstil)

Nein, Substantivitis ist keine entzündliche Krankheit. Ein wenig ansteckend scheint es aber schon zu sein, eine Substantivierung an die andere zu reihen – sonst würden es ja nicht so viele Leute tun, wenn sie einen Brief schreiben. Besonders Wörter, die auf „-ung" enden, haben es den von Substantivitis Befallenen angetan. Das führt dann zu Satz- und Wortungetümen nach diesem Muster:

- *Nach erteiltem Auftrag erfolgt die Abbuchung der fälligen Raten von Ihrem Konto ...*
- *Wir bitten um Prüfung und Unterzeichnung des Vertrages sowie um die Rücksendung eines unterzeichneten Exemplars an uns.*
- *Den Vorgang haben wir zur gerichtlichen Geltendmachung unserer Forderung an unsere Rechtsabteilung zur weiteren Bearbeitung abgegeben.*

Wie diese Beispiele zeigen, wirken Sätze im Nominalstil gleichzeitig distanziert und unbeholfen. Nachdem das nicht der Eindruck ist, den Sie bei Ihren Kunden hinterlassen wollen, lösen Sie die Substantivierungen einfach auf und ersetzen sie durch Sätze mit aktiven Verben.

Beispiel

- Sobald Sie uns den Auftrag erteilt haben, buchen wir die erste Rate von Ihrem Konto ... ab.
- Bitte prüfen und unterzeichnen Sie den Vertrag und senden Sie uns ein unterschriebenes Exemplar zurück.
- Wir werden ein gerichtliches Mahnverfahren gegen Sie einleiten.

Gut, dieser letzte Satz ist, was seinen Inhalt angeht, nicht wirklich kundenfreundlich. Aber sollte das Mahnverfahren unvermeidlich sein, kündigen Sie es auf diese Weise wenigstens aktiv, deutlich und ehrlich an.

Formulierungsfalle 3: Streckverben

Der Begriff Streckverb erinnert an ein mittelalterliches Folterinstrument: an die Streckbank. Wurden dort früher Menschen unter Schmerzen in die

Länge gezogen, streckt heute so mancher Schreibende gewalttätig ein kurzes Verb, damit es nach mehr aussieht und den Satz in die Länge zieht. Streckverben treten häufig in Kombination mit Substantivierungen auf, was die Sache nicht besser macht.

Links in der Tabelle sehen Sie typische Streckverben. Rechts steht, wie Sie kürzer und besser formulieren:

Streckverb	ersetzen durch:
die Abrechnung vornehmen	abrechnen
in Abzug bringen	abziehen
zum Abschluss bringen	abschließen
eine Änderung vornehmen	ändern
eine Überweisung vornehmen	überweisen
Bericht erstatten	berichten
eine Bitte aussprechen	bitten
Dank abstatten	danken
eine Entscheidung treffen	entscheiden
eine Feststellung machen	feststellen
einen Kauf tätigen	kaufen
eine Forderung erheben	fordern
einen Nachweis erbringen	nachweisen/beweisen
die Zustimmung erteilen	zustimmen

Sicher fallen Ihnen weitere Beispiele für Streckverben ein – hoffentlich auch, wenn Sie das nächste Mal dabei sind, eines zu schreiben ...

Formulierungsfalle 4: Füllwörter, Pleonasmen und unnötige Vorsilben

Wie die Bezeichnung **„Füllwort"** andeutet, handelt es sich dabei um Wörter, die einen Text auffüllen, ohne notwendig zu sein. Wir alle verwenden reichlich Füllwörter, wenn wir sprechen: *„Ich bin da eben gerade mal ganz ehrlich, ja? Quasi, äh, also sozusagen voll realistisch."* In der gesprochenen Sprache ist das ganz normal und fällt uns nicht weiter auf, solange es sich nicht so häuft wie in diesen beiden Beispielsätzen.

Beim Schreiben sollten Sie mit Füllwörtern vorsichtig, aber nicht übervorsichtig sein. Ein „äh" haben Sie wahrscheinlich noch nie geschrieben, und dass Füllwörter wie „voll" oder „nicht?" nicht in Ihre Briefe gehören, ist sicher keine Neuigkeit für Sie. Anders als manche Stilpuristen rate ich Ihnen nicht grundsätzlich vom Gebrauch von Füllwörtern ab. Ich verwende sie ja (das ist schon wieder eines!) selbst gerne, wie Ihnen bei der Lektüre dieses Buches vielleicht schon aufgefallen ist. Aber übertreiben Sie es nicht.

Beispiel

*„Ich mache Sie **höflichst** darauf aufmerksam, dass der **oben genannte** Artikel **unsererseits** eine Lieferzeit von mindestens vier Wochen hat."*

Das sind entschieden zu viele unnötige Wörter (und die auch noch nach einem Vorreiter). Hier ist die kürzere die bessere Formulierung, etwa so: *„Bitte beachten Sie: Artikel XY hat 4 Wochen Lieferzeit."*

Vor **Pleonasmen** wie dem berüchtigten „weißen Schimmel" hat Sie schon Ihr Deutschlehrer gewarnt. Weiße Schimmel kommen in Ihrer Korrespondenz wahrscheinlich nicht oft vor. Wohl aber andere „Doppelmoppel" (so lautet meine persönliche Übersetzung des Begriffs Pleonasmus), bei denen Sie zwei verschiedene Begriffe für ein und denselben Sachverhalt aneinanderreihen. Das ist unnötig und unschön. Typisch sind z. B.:

Pleonasmus	ersetzen durch:
Rückantwort/Rückäußerung	Antwort
bereits schon	bereits **oder** schon
einzelne Details	Details **oder** Einzelheiten
Telefonanruf	Anruf **oder** Telefonat
besondere Privilegien	Privilegien
zusammenaddieren	zusammenrechnen **oder** addieren
zeitliche Verzögerung	Verzögerung
tabellarische Übersicht	Tabelle
Teamgruppe	Team **oder** Arbeitsgruppe

Unnötige Vorsilben haben eine ähnliche Funktion wie Streckverben: Sie sollen eine Aussage verstärken, führen aber höchstens dazu, sie aufzublähen. Oft wirken sie ebenfalls als „Doppelmoppel", wie das beliebte Beispielwort „aufoktroyieren" zeigt: „Oktroyieren" bedeutet „aufdrängen" oder „aufzwingen" – aufoktroyieren heißt also auf-aufzwingen …

Es ist möglich, dass Sie dieses Verb in Ihrer Kundenkorrespondenz nicht täglich brauchen, aber wie ist es beispielsweise mit

Wort mit unnötiger Vorsilbe	ersetzen durch:
abändern	ändern
absinken/abfallen	sinken/fallen
ausliefern	liefern
herabmindern	mindern („hinaufmindern" wäre ja kaum möglich)
nachkontrollieren	kontrollieren/überprüfen
Unkosten	Kosten („un-" ist eine verneinende Vorsilbe, Un-Kosten wären also Nicht-Kosten)
umrangieren	rangieren
Vorankündigung	Ankündigung (nachher ankündigen geht nicht)
vorausdisponieren	disponieren (das Wort bedeutet „anordnen, einteilen, verteilen" – das geht nur im Voraus)
vorprogrammieren	programmieren (das bedeutet „einen Ablauf festlegen" – was immer nur im Vorhinein möglich ist)
zurückerstatten	erstatten

Die Sache mit den Vorsilben finden Sie vielleicht ein wenig spitzfindig. Sie haben Recht, wenn Sie meinen, dass die meisten Kunden diese kleinen sprachlichen Schnitzer vermutlich nicht bemerken werden. Trotzdem werden Ihre Schreiben besser, wenn Sie auch auf diese sprachlichen Details achten.

Und Sie werden sehen: Sobald Sie sich mehr Gedanken über die einzelnen Wörter machen, schreiben sich Pleonasmen, Füllsel und unnötige Vorsilben nicht mehr „wie von selbst" hin ...

Formulierungsfalle 5: Passivkonstruktionen

Passivkonstruktionen gehören zu den schwereren Sprachsünden in der kundenorientierten Korrespondenz, verschweigt doch das Passiv den Handelnden. Das Passiv sagt nur, wem oder was etwas geschieht, aber nicht, wer die entsprechende Handlung ausgeführt bzw. veranlasst hat. Wenn Sie auf einen persönlichen, direkten Kontakt zu Ihren Kunden Wert legen, sollten Sie daher möglichst aktiv formulieren – selbst dann, wenn Sie etwas Negatives mitzuteilen haben, dessen Urheberschaft Sie lieber schamhaft verschweigen würden.

> **Beispiel**
>
> „Unsere Arbeit wurde durch die ungünstigen Witterungsbedingungen erschwert und konnte deswegen nicht termingerecht beendet werden."
>
> Soll heißen:
>
> „Das schlechte Wetter hat unsere (Außen-)Arbeiten behindert. Deswegen sind wir leider nicht wie geplant zum ... fertig geworden."

Formulierungsfalle 6: Schachtel- und Bandwurmsätze

Viele Menschen, die einen komplexeren Sachverhalt mitzuteilen haben, insbesondere, wenn sie im mündlichen Formulieren geübt sind, stopfen beim Schreiben zu viel in einen Satz, was schwer verständliche Bandwurmsätze oder Schachtelsätze ergibt, welche die Lesebereitschaft der meisten Leser überfordern und rasch zum „Aussteigen" des Empfängers führen.

Das war ein Satz mit 45 Wörtern. Das ist auf jeden Fall zu lang, wenn Sie Ihren Kunden verständlich schreiben wollen. Zwar bietet Ihnen die deutsche Sprache herrliche Möglichkeiten, an einen Hauptsatz beinahe beliebig viele Nebensätze zu hängen und so einen Bandwurmsatz zu erzeugen. Und es ist grammatisch durchaus korrekt, Haupt- und Nebensätze ineinander zu verschachteln.

Manchmal sind die Ergebnisse dieser Tätigkeit sogar literarisch höchst ansprechend. *„Der freie Zugwind, der durch die Luftlöcher meines Turmes pfeifte, und die Schwalbe, die sich auf dem eisernen Stab meines Gitters niederließ, schienen mich mit ihrer Freiheit zu necken und machten mir meine Gefangenschaft desto grässlicher."* Nur dürfen Sie nicht davon ausgehen, dass Ihre Kunden Ihre Schreiben mit derselben Konzentrationsbereitschaft und Genusslaune lesen wie den eben zitierten „Verbrecher aus verlorener Ehre" von Friedrich von Schiller. Oft werden die dargestellten Sachverhalte auch nicht ganz so spannend sein.

Ich rate Ihnen daher zu Sätzen mit maximal 30 Wörtern. Sollte Ihnen unabsichtlich ein Bandwurmsatz unterlaufen sein, lösen Sie ihn einfach in mehrere kürzere Sätze auf.

Diesen Satz fand ich in der Seminarbeschreibung eines Weiterbildungsunternehmens:

„Neben den Grundzügen der Feuer- und Feuer-Betriebsunterbrechungs-Versicherung werden insbesondere solche vertragsindividuellen Gestaltungsmöglichkeiten dargestellt, die für Unternehmen aufgrund sich ändernder Rahmenbedingungen (z. B. verschärfter Umweltbestimmungen, behördliche Wiederaufbaubeschränkungen, verstärkte Abhängigkeit von Zulieferbetrieben etc.) sehr bedeutsam sein können, denen – wie die Erfahrungen im Schadenfall zeigen – oftmals aber nicht die nötige Beachtung geschenkt wird."

Ich bin sicher, dass dieses Seminar mehr Teilnehmer gewinnen könnte, wenn die Seminarbeschreibung etwas verständlicher ausfallen würde, etwa so:

„Der Referent stellt die Grundzüge der Feuer- und Feuer-Betriebsunterbrechungsversicherung dar. Anschließend geht er mit Ihnen die individuellen Möglichkeiten durch, die Sie bei der Vertragsgestaltung haben. Sie werden sehen: Ihr Gestaltungsspielraum ist größer, als Sie bisher wahrscheinlich gedacht haben – und Sie sollten ihn nutzen, wenn Sie im Ernstfall wirklich gut abgesichert sein wollen. Die Erfahrung zeigt nämlich, dass die Standardverträge der Versi-

> cherer den veränderten Rahmenbedingungen, wie etwa verschärften Umweltbestimmungen und behördlichen Wiederaufbaubeschränkungen, nicht mehr gerecht werden."

Formulierungsfalle 7: unnötiger und falscher Gebrauch des Konjunktivs

Der Konjunktiv ist die Möglichkeitsform der deutschen Sprache. Man verwendet ihn für Dinge, die sein könnten, aber eben nicht sind. *„Wenn ich mit Menschen- und mit Engelszungen redete und hätte die Liebe nicht, so wäre ich ein tönendes Erz oder eine klingende Schelle"*, sagte der heilige Paulus, um zu illustrieren, wie nutzlos Kommunikation ohne eine menschenfreundliche Einstellung ist. So wunderschön diese Bibelstelle und so wahr die darin enthaltene Erkenntnis ist, so schwierig ist der korrekte und passende Einsatz des Konjunktivs in der kundenorientierten Korrespondenz. Aus zwei Gründen: Zum einen wirkt die Möglichkeitsform oft zögerlich und unsicher. Zum anderen schleichen sich bei Konjunktiv-Sätzen oft Fehler ein. Nehmen wir ein typisches Beispiel:

„Ich würde mich freuen, wenn Sie zu unserer Veranstaltung kommen"

schreiben Sie an Ihren Kunden. Das ist höflich, klingt aber so, als würden Sie selbst nicht ernsthaft mit dem Erscheinen des Eingeladenen rechnen. Wenn Sie selbst finden, dass Ihr Kunde zu einer so attraktiven Veranstaltung wie der Ihren einfach kommen muss, dann sollten Sie das auch sprachlich ausdrücken:

„Ich freue mich darauf, Sie bei unserer Veranstaltung begrüßen zu dürfen!"

Dieser Satz hat viel mehr Kraft und positive Ausstrahlung. Außerdem ist der erste Satz grammatisch falsch. Es müsste heißen:

„… wenn Sie zu unserer Veranstaltung **kämen** *"*

Es wäre zwar grundsätzlich erfreulich, wenn dieses Beispiel zu einem korrekteren Sprachgebrauche *beitrüge*, dürfte aber bei manchem Leser ob der ungewohnten Verbformen für Irritation sorgen …

Daher mein Rat: Behalten Sie sich den Konjunktiv für tatsächliche Zweifelsfälle vor: *„Ich würde Sie gerne persönlich begrüßen, kann es aber leider nicht, weil ..."* – und seien Sie ansonsten sehr zurückhaltend mit der Möglichkeitsform.

Übung
Sie haben in diesem Kapitel viel über nutzen- und kundenorientierte Kommunikation und über aktive, gut verständliche und leicht lesbare Sprache gelesen. Wie wäre es, wenn Sie das Gelesene gleich an einem konkreten Beispiel anwenden? Sie können selbstverständlich einen Ihrer eigenen Briefe verwenden, um an ihn den eben erarbeiteten Maßstab anzulegen und ihn gegebenenfalls zu verbessern.

Oder Sie erproben sich an diesem Brief, den mein Mann – er führt ein Einzelhandelsunternehmen – vor einiger Zeit von der für ihn zuständigen IHK erhielt:

Sehr geehrter Herr Römer,

bei der Durchsicht unserer Unterlagen haben wir festgestellt, dass Sie vor einiger Zeit für die Dauer eines Ausbildungsverhältnisses eine befristete Befreiung vom Nachweis der berufs- und arbeitspädagogischen Kenntnisse erhalten haben. Wie uns Ausbilderinnen und Ausbilder immer wieder berichten – vielleicht haben Sie diese Erfahrung auch selbst gemacht –, ergeben sich rund um die Ausbildung immer wieder Fragen, die aus dem vorhandenen Wissensschatz nicht oder nur unzureichend zu beantworten sind.

Wir möchten Ihnen deshalb anbieten, ein speziell auf Ihre Informationsbedürfnisse zugeschnittenes Seminar zu besuchen. In diesem Seminar können Sie sich in einer sehr kompakten Form mit den wichtigsten Themen rund um die Ausbildung vertraut machen. Darüber hinaus räumen wir allen Teilnehmerinnen und Teilnehmern an dem Seminar die Möglichkeit ein, sich unbefristet vom Nachweis berufs- und arbeitspädagogischer Kenntnisse durch die Ausbilderprüfung befreien zu lassen.

> Wir würden uns freuen, wenn dieses Angebot Ihr Interesse fände. Mit Hilfe des beiliegenden Fax-Antwortformulars können Sie sich zu einem Seminar Ihrer Wahl anmelden.
>
> Mit freundlichen Grüßen

Nehmen Sie einen Rotstift und markieren Sie alle Formulierungsfallen und Unklarheiten, die Ihnen auffallen. Gehen Sie die Schlüsselfragen (aus Sicht der IHK) durch

- Wer und wie sind Ihre Kunden?
- Welchen Stellenwert haben Sie für Ihre Kunden?
- Welche Bedürfnisse haben Ihre Kunden?
- Welchen Nutzen können Sie Ihren Kunden bieten?
- Was wollen Sie Ihren Kunden sagen?
- Was sollen Ihre Kunden tun, wenn Sie Ihr Schreiben gelesen haben?
- Welche Informationen brauchen Ihre Kunden dazu?

und schreiben Sie dann eine bessere, kundenfreundlichere Version des Briefes.

Es gibt auch hier keine Musterlösung im Sinne des einzig richtigen oder perfekten Briefes. Wenn Sie sich für meine Anmerkungen, Gedanken und Verbesserungsvorschläge zu diesem Brief interessieren, finden Sie diese auf Seite 187.

3. Werden Sie unverwechselbar

Wie entwickeln Sie Ihren eigenen, individuellen und doch korrekten Briefstil? Und wie gestalten Sie das äußere Erscheinungsbild Ihrer Korrespondenz so, dass es sympathisch, einzigartig, unverwechselbar und damit für Ihre Kunden sofort wiedererkennbar ist? Mit diesen Fragen beschäftigt sich das dritte Kapitel.

„Corporate Identity" bedeutet in etwa „Firmenpersönlichkeit". Das Konzept der „CI" beruht auf der Idee, dass Unternehmen in der Öffentlichkeit als Persönlichkeiten mit individuellen Eigenschaften wahrgenommen werden. Unternehmen können, obwohl sie eigentlich wirtschaftlich-rechtliche Gebilde sind, auf Menschen beinahe menschenähnlich wirken. Sicher kennen Sie das aus eigener Erfahrung: Manche Unternehmen empfinden Sie als „sympathisch", „vertrauenswürdig" oder „kreativ", an anderen sehen Sie eher negative „Charakterzüge" wie „bürokratisch", „kundenfeindlich" oder „arrogant". Was fällt Ihnen beispielsweise ein, wenn Sie an Unternehmen wie die Porsche AG oder die Deutsche Bahn denken? Sicherlich ordnen Sie diesen beiden durchaus unterschiedliche Eigenschaften zu.

Diese Wirkung auf andere kommt bei Unternehmen wie bei Menschen zum Großteil durch das sichtbare Verhalten und Erscheinungsbild zustande. Wie es innen in einem Unternehmen aussieht, können Sie als Kunde schließlich nicht sehen. Sie schließen zwangsläufig vom Äußeren auf das Innere.

Schaffen Sie eine unternehmensindividuelle Sprachkultur

Daher umfasst das Konzept der Corporate Identity drei Teilbereiche, die das Äußere betreffen: das optische Erscheinungsbild **(Corporate Design)**, die Art und Weise zu sprechen, zu schreiben oder sonst mit anderen zu kommunizieren **(Corporate Communication)** und das beobachtbare Unternehmensverhalten **(Corporate Behaviour)**. Wenn diese drei Bereiche aufeinander abgestimmt sind und die komplementären Teile ein einheitliches Ganzes ergeben, entsteht in der Wahrnehmung der Öffentlichkeit eine stabile Unternehmenspersönlichkeit, eben die Corporate Identity. Die soll aus Sicht des Unternehmens natürlich möglichst positiv sein.

Dabei darf es aber nicht bei reinen Äußerlichkeiten bleiben. Ein stimmiges Erscheinungsbild kann ein Unternehmen nur abgeben, wenn das gezeigte Design, Verhalten und die Kommunikation auch wirklich zu ihm und seiner Unternehmenskultur passen. Sonst ergeht es ihm wie Menschen, die auf einem Rhetorik- oder Stilseminar waren und dort nur die Methoden abgekupfert haben, ohne sie an die eigene Persönlichkeit anzupassen: Man merkt dann, mit der/dem „stimmt irgendetwas nicht". Ein modernes, pfiffiges Design wird vielen Kunden gefallen. Wenn das Unternehmen dahinter aber eher behäbig und bürokratisch ist, merken die Kunden das früher oder später – und werden die Diskrepanz zwischen Schein und Sein desto übler vermerken.

In diesem Abschnitt beschäftigen wir uns mit dem Corporate Writing, dem Ausschnitt aus der Corporate Communication, bei dem es darum geht, wie Ihr Unternehmen im Schriftverkehr nach außen (und innen) in Erscheinung tritt.

Selbstverständlich wollen Sie im Schriftverkehr einen guten Eindruck bei Ihren Kunden hinterlassen – sonst würden Sie dieses Buch nicht lesen. Aber genauso legitim und wichtig ist es, dass Sie sich dabei nicht verstellen, sich keine sprachliche Verkleidung anziehen, sondern Ihre Persönlichkeit bzw. die Ihres Unternehmens individuell umsetzen.

Wenn Sie als Klein- oder Solo-Unternehmer selbstständig sind, werden Ihnen alle diese Corporate-irgendwas-Begriffe möglicherweise ein wenig hochtrabend erscheinen, geht es doch „nur" darum, wie Sie Ihre Briefe und E-Mails gestalten. Stimmt. Wir können genauso gut von Ihrem Briefstil und dem optischen Erscheinungsbild Ihrer Schreiben sprechen.

Als Selbstständiger sind Sie ohnehin in der glücklichen Lage, die erforderlichen Entscheidungen schnell treffen und umsetzen zu können. In Ihrer Situation sollten Sie das auch unbedingt tun. Denn Sie sind Ihr Unternehmen – die Empfänger Ihrer Schreiben schließen also vom Gelesenen gleichermaßen auf Sie als Mensch wie auf Sie als Unternehmer.

Wenn Sie in einem größeren Unternehmen arbeiten, gibt es vielleicht bereits entsprechende Vorgaben, die Sie bei der externen Kommunikation berücksichtigen sollen. In diesem Fall kann dieses Kapitel eine Anregung dafür sein, sich näher mit diesen Vorgaben zu beschäftigen, sie konsequenter umzusetzen oder auch Aktualisierungen bzw. Änderungen an ihnen anzuregen. Sollte es noch keine Vorgaben zum Corporate Writing geben, starten Sie eben ein neues Projekt dazu. Eine Argumentationshilfe dazu gibt Ihnen das folgende Beispiel:

Sprach-Vereinheitlichung bei E.ON Westfalen Weser

Im Jahr 2003 entstand aus der Fusion dreier regionaler Versorgungsbetriebe das Unternehmen E.ON Westfalen Weser. Im Anschluss an die Fusion wurde ein Projekt zur Sprach-Vereinheitlichung angeschoben, für das die Sprachbeauftragte Birgit Paehlke verantwortlich war. Hans von Hagen interviewte sie 2007, nach Abschluss des Projekts, für die Online-Seiten der Süddeutschen Zeitung. Hier sind einige Ausschnitte aus diesem Interview:

sueddeutsche.de: *Warum tun sich viele Unternehmen mit dem Deutsch so schwer?*
Paehlke: *Vor allem, wenn komplexe Sachverhalte kommuniziert werden müssen, verfallen Firmen in Behörden- oder Technikersprache. Die mag dann zwar sachlich richtig sein, wird aber durch viele Fachausdrücke unverständlich.*
(...)
sueddeutsche.de: *Wie sind Sie verständlicher geworden?*
Paehlke: *Wir formulieren mit mehr Verben, schreiben im Aktiv, verwenden eindeutige Begriffe und sind knapper und präziser geworden.*
(...)
sueddeutsche.de: *Und – geht die neue Verständlichkeit zulasten der Genauigkeit? Gab es Widerspruch aus der Rechtsabteilung?*
Paehlke: *Wir schreiben weiterhin sachkundig, nur eben zeitgemäßer. Darum haben wir die Juristen schon früh in das Projekt eingebunden. Feststehende juristische Begriffe bleiben selbstverständlich bestehen.*
(...)
sueddeutsche.de: *Hilft die verständlichere Sprache, Kosten zu reduzieren?*
Paehlke: *Das ist tatsächlich so. Die Kunden haben deutlich weniger Fragen. Das entlastet unsere Berater. Außerdem haben wir zahlreiche Formulare abgeschafft. Das macht sich ebenfalls auf der Kostenseite bemerkbar.*[1]

Dieses Interview belegt: Verständlicher zu schreiben bedeutet nicht, auf Genauigkeit zu verzichten. Aber es heißt, zeitgemäß und näher am Kunden zu sein und, bei allem Aufwand, den ein solches Projekt mit sich bringt (im Beispielsfall dauerte es mehrere Monate, bis alle 800 Standardschreiben an Kunden überarbeitet waren), unter dem Strich sogar noch Geld zu sparen. Das ist doch ein schönes Vorbild, dem Sie nacheifern bzw. das Sie als Begründung für Ihr Corporate-Writing-Projekt anführen können.

---

1 www.sueddeutsche.de, gepostet am 15.09.2009 um 16:00 Uhr unter dem Titel „Sagen Sie mal ... Warum können Unternehmen kein Deutsch?, URL:/wirtschaft/ 413/301410/text/

Folgende Punkte könnten Sie dabei angehen:

Einheitliche Schreibweisen

Es fängt schon mit ganz einfachen Dingen an: Wie schreiben Sie den Namen Ihres Unternehmens, die **Firma,** in Ihrer täglichen Korrespondenz? Nehmen wir als Beispiel die mayerhöfer KG. Verwenden Sie den Namen immer in Kleinschreibung oder wenigstens am Satzanfang in Großschreibung? Setzen Sie die Rechtsform immer zum Namen? Oder wäre *„wir bei mayerhöfer"* als Formulierung auch okay?

Wenn Sie einen Brief tippen, schreiben Sie bei der **Namenswiederholung** *„Gustav Hitzig, mayerhöfer KG"* oder *„mayerhöfer KG, Gustav Hitzig"* oder verzichten Sie auf die Wiederholung des Firmennamens und schreiben einfach *„Gustav Hitzig, Kundenservice"*?

Übrigens: Manchmal sehe ich unter dem Unterschriftenfeld noch Angaben wie *„Hitzig, Bereichsleiter"*. Da sehe ich vor meinem inneren Auge einen Kasernenhof mit einem schnarrenden Unteroffizier. Diese Assoziation wollen Sie bei Ihrem Kunden sicher nicht hervorrufen. Sie sollten deshalb nach der handschriftlichen Unterschrift immer Ihren Vor- und Nachnamen wiederholen, und zwar beide voll ausgeschrieben. Wenn Sie mit *„A. Hitzig"* unterschreiben, weiß Ihr Empfänger nicht, mit wem er es zu tun hat, insbesondere nicht, ob Sie weiblichen oder männlichen Geschlechts sind. Das könnte ihn beim Antwortschreiben oder beim nächsten Anruf in eine für ihn peinliche Situation bringen – ihm die zu ersparen ist auch ein Aspekt von Kundenfreundlichkeit.

Wie schreiben Sie das **Datum**? Die im zweiten Kapitel bereits erwähnte DIN 5008:2005 erlaubt drei Schreibweisen:

- **Numerisch international**: Dabei geben Sie das Datum in der Reihenfolge „Jahr-Monat-Tag" an, jeweils durch einen Mittestrich gegliedert. Tag und Monat werden immer zweistellig angegeben, das Jahr nur, wenn es nicht zu missverständlichen Ergebnissen führt (sonst vierstellig). Beispiel: 2009-08-01
  09-08-01 wäre missverständlich, weil ein „Uneingeweihter" daraus auf den 9. August 2001 schließen könnte, wo doch der 1. August 2009 gemeint ist.
- **Numerisch national**: In Deutschland üblicher ist die umgekehrte Reihenfolge „Tag.Monat.Jahr", gegliedert mit einem Punkt und gege-

benenfalls durch eine Null auf jeweils zwei Stellen aufgefüllt. Das Jahr wird üblicherweise vierstellig angegeben. Beispiel: 01.08.2009
- **Alphanumerisch**: 1. August 2009, auch 1. Aug. 2009. Beachten Sie: Bei der normgerechten alphanumerischen Schreibweise wird bei einstelligen Tagen nicht mit einer Null aufgefüllt!

Mir persönlich gefällt die alphanumerische Schreibung am besten, vielleicht auch, weil sie ein wenig altmodischen Charme besitzt. Ich verwende sie deswegen in allen meinen Schreiben. Wenn Sie viel international korrespondieren, sollten Sie sich dagegen für die numerische Schreibweise in der internationalen Fassung entscheiden.

Sie müssen der DIN-Norm natürlich nicht folgen. Ich halte es aber für ratsam, weil es auf die nicht zu unterschätzende Zahl derer, welche die Norm kennen und befolgen, einen professionelleren Eindruck macht. Die Hauptsache ist aber, Sie entscheiden sich für eine Schreibweise und verwenden sie durchgängig in Ihrer gesamten Korrespondenz. Mal so und mal anders zu schreiben wirkt unorganisiert und planlos.

Da wir schon bei Zahlen sind: Die Schreibweise der **Telefonnummern** sollten Sie ebenfalls klären. In der Praxis finden sich hier die verschiedensten Varianten. So steht manchmal die Vorwahl in Klammern, die restliche Nummer wird oft zwei-, manchmal auch dreistellig gegliedert. Auch hier gilt: Entscheiden Sie sich verbindlich für eine Schreibweise. Nach DIN 5508:2005 werden Telefonnummern übrigens nur funktionsbezogen durch Leerzeichen gegliedert. Das heißt: Sie setzen ein Leerzeichen zwischen die Vorwahl und den Rest der Nummer, und das war's.

Beispiel: 089 32168.
Durchwahlnummern hängen Sie mit einem Mittestrich an:
089 32168-15.

Diese Schreibweise finde ich einfach und übersichtlich, weswegen ich sie in meiner Korrespondenz verwende.

Neben diesen Muss-Bestandteilen Ihrer Korrespondenz sollten Sie sich Gedanken über die Schreibweise von Fachbegriffen oder anderen für Ihr Unternehmen bzw. Ihre Branche typischen Wörtern machen, die häufig in Ihren Schreiben auftauchen. Werben Sie z. B. für eine Kapitalanlage in einem Offshorewindpark oder in einem (meiner Meinung nach besser lesbaren) Off-Shore-Windpark? Bieten Sie Ihrem Kunden Maßnahmen zur Drainage oder zur Dränage seines Grundstücks an? Die neue deutsche

Rechtschreibung sieht jeweils beide Schreibungen als korrekt an, was Sie in die Situation versetzt, sich für eine als die für Sie verbindliche entscheiden zu müssen. Für welche Sie sich entscheiden, ist letztlich Geschmackssache, wobei ich Ihnen empfehle, nach Möglichkeit die besser verständliche und die besser zu Ihnen passende zu wählen. Wenn Sie beispielsweise italienische Feinkost vertreiben, sind die eingedeutschten „Spagetti" laut Duden zwar richtig geschrieben, aber im Sinne des erwünschten Mittelmeer-Ambientes nicht angebracht. Im prosaischeren Technikgeschäft mag der „Messschieber" korrekt sein, besser lesbar ist sicher der „Mess-Schieber".

Es genügt nicht, für alle diese Wörter und Angaben einheitliche Schreibweisen zu erarbeiten. Sie müssen auch verbindlich für alle Unternehmensangehörigen sein. Das erreichen Sie, wenn Sie Ihre unternehmensindividuellen Schreibregeln schriftlich in einem „Unternehmenswörterbuch" zusammenfassen. „Wörterbuch" ist ein großes Wort für eine Aufstellung, die vielleicht nur 20 oder 50 Regelungen enthält (viel mehr als 50 sollten es im Sinne der Anwendbarkeit jedenfalls nicht werden). Aber es passt, weil Sie im Zweifelsfall dort nachschlagen und die richtige, weil einheitliche Schreibweise finden können.

Zeitgemäße Anreden

„Hochwohlgeborener Herr, Hochzuverehrender Herr Geheimrat" – diese Anrede wählte Friedrich Schiller für seinen ersten förmlichen Brief an den Dichterrivalen und späteren Freund Johann Wolfgang von Goethe. Diese hochverstaubten Zeiten sind glücklicherweise passé. Das heißt aber nicht, dass Sie sich über die passende Anrede in Ihrer Kundenkorrespondenz keine weiteren Gedanken zu machen bräuchten. Folgende Möglichkeiten stehen zur Wahl:

- *Sehr geehrter Herr Stein,*
  diese Anrede ist nicht originell, dafür aber immer passend, wenn Sie Ihren Kunden (noch) nicht persönlich kennen und/oder in einer konservativen Branche arbeiten.
- *Guten Tag Herr Stein,*
  ist eine modischere Variante, die Sie bei jüngeren Kunden und in zeitgeistigeren Branchen einsetzen können.
- *Lieber Herr Stein,*
  ist eine Anrede, die einen guten Kunden sicher erfreut.

- *Guten Tag Otto Stein,*
  ist modisch, dürfte aber manchem Adressaten eher spanisch vorkommen.
- *Hallo Herr Stein,*
  ist allenfalls in E-Mails passend, und auch da erst, wenn bereits ein intensiverer Kontakt zum (jüngeren) Kunden besteht.

Wenn Sie sich nicht sicher sind, bleiben Sie am besten bei „*Sehr geehrter Herr Kunde*". Damit können Sie nichts falsch machen.

Sympathische Grußformeln

Als höflicher Mensch verabschieden Sie sich am Ende Ihres Schreibens mit einem Gruß von Ihrem Leser. Bei den Grüßen haben Sie mehr Wahlmöglichkeiten als bei der Anrede.

- *Mit freundlichen Grüßen*
  liegen Sie eigentlich immer richtig. Varianten dieser Grußformel, die wenigstens einen Hauch von Originalität aufweisen, sind
- *Freundliche Grüße*
  oder
- *Mit freundlichem Gruß*
- *Viele Grüße*
  sind weniger förmlich, aber immer noch eher distanziert.
- *Schöne Grüße*
  sind möglich, wenn auch ein wenig banal.
- *Herzliche Grüße/Mit herzlichem Gruß/Mit herzlichen Grüßen*
  bleiben guten Kunden(beziehungen) vorbehalten, wo sie sehr sympathisch wirken. Bei Neukunden könnte es allerdings aufdringlich wirken, wenn die Grüße gleich im ersten Schreiben „herzlich" sind.

Wenn Sie möchten, können Sie die Grußformel um den Absender- oder Empfängerort erweitern:

- *Mit freundlichen Grüßen aus München*
- *Herzliche Grüße nach Berlin*

Das wirkt sehr persönlich und damit positiv im Sinne von Kundenorientierung. Es sollte aber passen – auf einer Rechnung oder gar Mahnung wäre diese Grußvariante fehl am Platze.

Mehr Spielraum, als Sie glauben: Die Betreffzeile(n)

Wenn Ihr Schreiben einen Betreff erfordert, können Sie diesen ebenfalls nutzen, um etwas persönlichen Stil hineinzubringen. Länger als zwei Zeilen sollte er nicht werden.

Beispiel: Sie antworten auf eine Kundenbeschwerde wegen einer fehlerhaften Lieferung.

- *Ihr Schreiben vom .../Unsere Lieferung Nr. vom ...*

ist die neutralste (und nichtssagendste) Betreff-Variante.

Mehr Profil zeigen Sie, wenn Sie beispielsweise eine Entschuldigung oder Erklärung in den Betreff nehmen:

- *Bitte entschuldigen Sie unsere fehlerhafte Lieferung Nr. ....!*

oder

- *Wir haben uns so beeilt, Ihre Lieferung fristgerecht zusammenzustellen, dass wir prompt einen Fehler gemacht haben.*

Mir persönlich gefällt es mitunter gut, den Betreff in den Briefanfang „hineinfließen" zu lassen, etwa so:

Bitte entschuldigen Sie,

Sehr geehrter Herr Stein,

dass wir in unserer Lieferung Nr. vom ... statt 10 Stück Art. 1 versehentlich 10 Stück Art. 2 geliefert haben. (...)

Damit haben Sie auch gleich das Problem des Briefeinstiegs, des manchmal mühevoll zu suchenden ersten Satzes, gelöst.

Positiver Anfang: der Briefeinstieg

Unabhängig vom konkreten Anlass und Inhalt Ihres Schreibens brauchen Sie immer einen Briefeinstieg (erster Satz nach der Anrede) und einen Briefausstieg (letzter Satz vor der Grußformel). Auch dafür könnten Sie sich eine unternehmenstypische Lösung überlegen.

Eine kundenorientierte Regel lautet beispielsweise: Kein Schreiben soll ohne Dank und ohne Versicherung der Servicebereitschaft bzw. Wertschätzung Ihr Haus verlassen. Wie wäre es also, wenn Sie grundsätzlich mit einem Satz des Dankes oder der Freude in Ihren Text einsteigen würden? Es kann schließlich nie schaden, positiv anzufangen. Zu danken und zu freuen gibt es in einer Kundenbeziehung ohnehin beinahe immer etwas:

Sehr geehrte Frau Bechter,
- *vielen Dank für Ihr Interesse an unserem ...*
- *herzlichen Dank für Ihre Anfrage vom ...*
- *danke für Ihr Schreiben vom ...*
- *wir danken Ihnen herzlich dafür, dass Sie uns auf ... aufmerksam gemacht haben.*
- *die erste Rate für XY haben wir heute von Ihnen erhalten. Vielen Dank für Ihre pünktliche Zahlung.*
- *gerne bestätigen wir Ihren Auftrag vom ... und freuen uns, dass Sie sich für uns entschieden haben.*
- *wir freuen uns über Ihr Interesse an ...*
- *wir freuen uns, Sie als neuen Kunden/als Gast zu unserer Veranstaltung/als Freundin unseres Hauses begrüßen zu dürfen.*

Verbindliches Ende: der Briefausstieg

Für den Briefausstieg ist der Ausdruck Ihrer Servicebereitschaft eine zwar wenig originelle, dafür aber sehr verbindliche Wahl. Bitte schreiben Sie aber nicht:

Für Rückfragen stehe ich Ihnen jederzeit gerne zur Verfügung.

Das ist erstens eine abgedroschene Floskel und zweitens eine Lüge. Denn, mal ehrlich: Wem stehen Sie schon „jederzeit" zur Verfügung? Und das auch noch gerne? Kundenorientierung ist wichtig, aber die Sklaverei ist glücklicherweise schon ziemlich lange abgeschafft.

Besser ist es, Sie bringen in diesem Service-Satz noch eine nützliche Information für den Kunden unter. Etwa, wann und wie er sich an wen wenden kann. Beispiele:

- *Ihre persönliche Ansprechpartnerin ist Marion Strauch. Sie erreichen Sie unter Tel. ...*
- *Falls Sie noch Fragen haben, können Sie mich gerne unter Tel. ... anrufen. Sie erreichen mich am besten zwischen 8 und 13 Uhr.*

- *Sie haben noch Fragen? Dann wenden Sie sich an unsere Service-Hotline ...., die von 8 bis 18 Uhr durchgehend besetzt ist.*

Falls Sie diese Informationen schon vorher im Text gegeben haben oder sie ausnahmsweise in Ihrem Schreiben nicht erforderlich sind, können Sie Ihren Brief bzw. Ihre E-Mail mit einem Ausdruck der Freude beenden:

- *Wir freuen uns darauf, Sie bei ... begrüßen zu dürfen!*
- *Ich freue mich über Ihren Auftrag.*
- *Auf unser Treffen am ... freue ich mich jetzt schon.*
- *Wir freuen uns darauf, von Ihnen zu hören.*

Oder Sie schreiben einen letzten Satz, der gleich die Grußformel beinhaltet bzw. überflüssig macht. Das wirkt persönlich und individuell und passt daher gut zu engeren Kundenbeziehungen:

- *Auf das Treffen am ... freut sich
  Ihre Monika Lindner*
- *Herzlichen Dank für Ihren Auftrag und viele Grüße nach Stuttgart sendet Ihnen
  Ihr Frank Gottwald*
- *Schön, dass wir auf der XY-Messe mal wieder Gelegenheit für einen persönlichen Plausch haben. Ich freue mich schon!
  Ihre Andrea Lange*

All diese Beispiele zeigen Ihnen, wie einfach es ist, korrekt und doch kundenorientiert zu schreiben. Sie schaffen das mit klarer, verständlicher Sprache, unter Verzicht auf allzu abgedroschene Floskeln, Fachchinesisch und Behördendeutsch. Wobei inzwischen selbst die Behörden versuchen, das Behördendeutsch loszuwerden.

Weg mit dem Behördendeutsch!

Kürzlich las ich im Informationsblatt meiner Heimatgemeinde, der Gemeinderat lasse die Voraussetzungen für eine Lichtzeichenanlage an der Soundso-Straße prüfen. Nachdem es dabei auch um die Sicherheit der Schulkinder gehen sollte, nahm ich an, dass die Rede von einer Ampel war. Das ist ein typisches Beispiel für Behördendeutsch, das den meisten Lesern außerhalb der Amtsstuben unverständlich sein dürfte.

Immerhin hat sich, ausgehend von einem Pilot-Projekt der germanistischen Fakultät an der Universität Bochum, eine Initiative wider das „Amtsdeutsch" gebildet. Sie nennt sich „Idema" (Internetdienst für eine Moderne Amtssprache) und hat sich zu einem Netzwerk von Kommunalverwaltungen und anderen Behörden entwickelt, die ihre Sprache entrümpeln, modernisieren und verständlicher machen wollen.

Tipp

Falls Sie für eine Behörde arbeiten, könnten Sie anregen, Mitglied bei Idema zu werden. Dann können Sie Ihre Briefe dorthin schicken und so lange überarbeiten lassen, bis Sie und Ihre Empfänger sie verstehen.
Falls Sie sich für diese Initiative interessieren, finden Sie weitere Informationen im Internet unter www.moderne-amtssprache.de.

Beispielsweise wird dann

aus:	das besser verständliche:
Abgabenrückstände	Steuerschulden
Ablichtung	Kopie
Blockbeschulung	Blockunterricht
Fahrtrichtungsanzeiger	Blinker
fernmündlich	telefonisch
Inverkehrbringen	Verkauf
Lebensberechtigungsbescheinigung	Stammbuch
Luftverlastung	Hubschraubertransport
nicht lebende Einfriedung	Zaun
Oberflächenwasser	Regen
Personenvereinzelungsanlage	Drehkreuz
Postwertzeichen	Briefmarke
Rechtsbehelfsbelehrung	Ihre Rechte
Spontanvegetation	Unkraut
vorstellig werden	besuchen/erscheinen

Wenn wir gerade beim Behördendeutsch sind, möchte ich von einem weiteren Korrespondenz-Unwort abraten, das Schreibenden außerhalb von Behörden vermutlich öfter aus der Tastatur quillt als eine Lichtzeichenanlage: Es geht um das Wort „**bezüglich**" in allen seinen Varianten.

„*Bezüglich Ihres Schreibens vom*" oder „*unter Bezugnahme auf unser Telefonat*" sind nicht nur unschöne, sondern auch unnötige Floskeln. Wenn es einen konkreten Bezug für Ihr Schreiben gibt, haben Sie diesen ja bereits im Betreff oder in der Bezugszeichenzeile/dem Informationsblock genannt. Es bringt also keinen Informationsgewinn für Ihren Leser, wenn Sie den Bezug im Schreiben selbst wiederholen. Weitere „Bezüge" machen nur Ihren Briefeinstieg steif und bürokratisch – lassen Sie sie einfach weg.

Entwickeln Sie ein einprägsames Corporate Design

„Corporate Design" (oft abgekürzt als „CD") bedeutet „einheitliches Erscheinungsbild". Angewendet auf Ihre Korrespondenz bedeutet das, dass jedes Schriftstück und jede E-Mail, die Ihr Haus verlassen, sich äußerlich so ähneln, dass sie vom Adressaten schon vor dem Lesen als Schreiben aus Ihrem Haus erkannt werden (können). Das heißt: Ihre Firmenfarben, Ihr Logo, Ihr Slogan und alle sonstigen für Ihr Haus typischen Gestaltungselemente müssen in Ihren Schreiben enthalten sein. Falls das derzeit noch nicht der Fall ist, werden Sie folgende kurze Anmerkungen zu den CD-Elementen hilfreich finden:

Entscheiden Sie sich für Ihre Firmenfarbe(n)

Farbe gehört zum Leben. Denken Sie nur daran, wie trist uns die Welt erscheint, wenn an einem regentrüben Tag alles Grau in Grau ist. Farben wirken auf unser seelisches und körperliches Wohlbefinden, sie können unsere Stimmung beeinflussen, unseren Geist anregen oder auch beruhigen. Entsprechend sorgfältig sollten Sie Ihre Firmenfarbe(n) auswählen. Diese müssen Ihnen und Ihrer (Unternehmens-) Persönlichkeit entsprechen.

Aber Ihre Farbe(n) wirken auch auf Ihre potenziellen Kunden. Natürlich wollen Sie eine positive Wirkung erzielen, eine, die Ihre Zielgruppe anspricht und das Interesse an Ihnen und Ihrer Leistung verstärkt. Deshalb sollten Sie bei Ihrer Farbwahl auch farbpsychologische Erkenntnisse berücksichtigen. Den verschiedenen Farben werden nämlich unterschiedliche

Botschaften und Wirkungen zugeschrieben. Wobei diese durchaus mehrdeutig sind. Typische Zuschreibungen sind in unserem Kulturkreis:

Rot	Liebe, Leidenschaft, Energie, Dynamik
Blau	Harmonie, Freundlichkeit, Zuverlässigkeit, Vertrauen, Kontrolle
Gelb	Lebensfreude, Optimismus, Selbstvertrauen
Orange	Energie, Aktivität, Kreativität, Wärme
Grün	Hoffnung, Lebendigkeit, Natürlichkeit
Violett	Frieden, Spiritualität, Kreativität
Weiß	Reinheit, Unschuld, Wahrheit, Neutralität
Grau	Sachlichkeit, Funktionalität, Neutralität
Schwarz	Sachlichkeit, Modernität, Funktionalität, Eleganz

Dabei müssen Sie sich nicht für nur eine Farbe entscheiden. Oft entfalten Farbkombinationen eine differenziertere und stärkere Wirkung. So wirkt eine Gestaltung in Weiß-Grau betont nüchtern und sachlich. Rot-Grau wirkt elegant und dynamischer. Violett-Grau ist schon ziemlich extravagant. Alle diese Kombinationen erzielen eine bestimmte Wirkung. Es sollte eine sein, die zu Ihnen, Ihrem Unternehmen und Ihrer Zielgruppe passt.

Zudem sollten Sie darauf achten, die Gestaltung übersichtlich und gut lesbar zu halten. Das heißt:

- Verwenden Sie nicht zu viele verschiedene Farben. Drei sind das Maximum. Zwei sind meist genug. Außerdem sind zwei Farben beim für kleinere Auflagen am besten geeigneten Offset-Druckverfahren deutlich billiger.
- Sorgen Sie für gute Hell-Dunkel-Kontraste. Texte lassen sich tatsächlich am besten Schwarz auf Weiß lesen, die zweitbeste Lösung ist dunkle Schrift auf hellem Hintergrund. Helle Schrift auf dunklem Grund sieht zwar oft gut aus, ist aber schlechter lesbar.
- Setzen Sie klare, leuchtende Farben nur auf kleinen Flächen ein. Sonst besteht die Gefahr, dass die Farbe Ihre Inhalte „erschlägt".

Entwickeln Sie ein aussagekräftiges Logo

Da die meisten Menschen „Augentiere", also stark visuell orientiert sind, ist ein Logo ein wichtiger Baustein Ihres Corporate Designs. Ähnlich wie der Slogan soll es die Positionierung Ihres Unternehmens verdichten und bei Ihren Geschäftspartnern verankern. Ein Logo als reine Wortmarke (auch Signet genannt) besteht aus dem Geschäfts- oder Firmennamen in einer besonderen Schriftart und -farbe; wenn Sie solo-selbstständig sind, kann auch Ihr eigener Name zu Ihrem Logo geformt werden. Besonders wirksam ist eine Kombination aus Wort- und Bildmarke, also Ihr Firmenname als Schriftzug plus einem Bild oder Symbol, das zu Ihrem Unternehmen passt. Mit der Wortmarke – dem Namen – können Sie sachliche Botschaften transportieren. Die Bildmarke kann als Verstärker emotionale Botschaften vermitteln. Ein gutes Logo zeichnet sich durch vier Eigenschaften aus. Es ist

1. **stimmig** Das Logo muss zu Ihnen und Ihrem Unternehmen passen und verständlich sein. Zu einer Kinderboutique beispielsweise passt ein bunter, verspielter Schriftzug wunderbar. Derselbe Schriftzug würde bei einem Rechtsanwalt merkwürdig anmuten. Dort erwartet man sachliche Strenge im Design. Ähnlich ist es beim Bildelement. Der Betrachter sollte es mit der Tätigkeit und Persönlichkeit Ihres Unternehmens mühelos in Verbindung bringen können und nicht lange herumrätseln müssen, was sich denn dahinter verbirgt bzw. was es wohl mit Ihnen zu tun haben könnte.
2. **unverwechselbar** Schon aus rechtlichen Gründen müssen Sie darauf achten, dass Ihr Logo anderen Markenzeichen nicht zu ähnlich ist. Es kann ohnehin nicht in Ihrem Interesse sein, beim Betrachter die gedankliche Verknüpfung zu einem anderen Unternehmen bzw. einer anderen Marke zu aktivieren oder sonstige unerwünschte Assoziationen zu wecken. Angebissene Äpfel oder drei parallele Streifen sollten sich also nicht unbedingt in Ihrem Logo finden – es soll schließlich Ihre Einzigartigkeit ausdrücken, nicht Ihre Einfallslosigkeit.
3. **einprägsam** Sinn des Logos ist, dass der Betrachter sich daran erinnert und es mit Ihnen in Verbindung bringt. Dass es stimmig und unverwechselbar ist, sind zwei wichtige Voraussetzungen dafür. Gut zu merken ist es außerdem, wenn es einfach ist. Komplexe, mehrfarbige Zeichnungen sind daher weniger geeignet.
4. **gut reproduzierbar** Hier geht es um die technischen Details: Ihr Logo gehört auf alle Elemente Ihrer Geschäftsausstattung. Vielleicht drucken

Sie es auch auf Werbeartikel wie Kugelschreiber, Tassen oder T-Shirts. In jeder Größe, auf jeder Unterlage und auch in Schwarz-Weiß soll es erkennbar sein und gut aussehen, z. B. auch auf Faxvorlagen oder Kopien. An dieser ganz praktischen Anforderung sind schon viele kreative Entwürfe gescheitert; die Reproduzierbarkeit verlangt nach Kompromissen im Design.

Der Slogan: Bringen Sie den Kundennutzen auf den Punkt

Wussten Sie, dass ein Slogan ursprünglich ein Sammel- bzw. Schlachtruf schottischer Clans war? Heute hat er eine weniger martialische, aber genauso wichtige Funktion: Er soll in möglichst wenigen Worten auf den Punkt bringen, wofür ein Unternehmen bzw. Produkt steht. „Ariel wäscht nicht nur sauber, sondern rein." Gute Slogans sind präzise, verständlich und einprägsam. Sehr gute Slogans wirken sogar dann noch, wenn der Name des Unternehmens oder Produkts gar nicht darin auftaucht: „Nichts ist unmöglich!"

Schlechte Slogans sind jene, die so austauschbar sind, dass man sie nicht mehr eindeutig zuordnen kann, oder so ausgefeilt, dass sie kaum jemand versteht. Seit sich in einer Studie der Endmark GmbH herausgestellt hat, dass die Mehrheit der Befragten englische Slogans gar nicht oder nicht richtig verstand, setzen auch die großen, internationalen Unternehmen wieder auf die deutsche Sprache. Douglas warb beispielsweise mehrere Jahre mit dem Slogan „Come in and find out", den 54 Prozent der Befragungsteilnehmer prompt wenig verkaufsfördernd mit „Komm rein und finde wieder raus" übersetzten. Der aktuelle Slogan ist weniger glamourös, dafür aber verständlich: „Douglas macht das Leben schöner".

Legen Sie sich eine professionelle Geschäftsausstattung zu

Wenn Sie Ihr Corporate Design entwickelt und sich für Farbe(n), Logo und gegebenenfalls für einen Slogan entschieden haben, müssen alle Gestaltungselemente durchgängig auf allem zu finden sein, womit Ihr Unternehmen nach außen in Erscheinung tritt: Visitenkarten, Briefpapier, Aufkleber, Stempel, Flyer, Postkarten, Website, usw.

Zu den Gestaltungselementen gehört übrigens auch das Papier. Ihre Briefe sollen in den Augen Ihrer Kunden Gewicht haben. Diesen Anspruch unterstreichen Sie, wenn Sie Ihren Briefkopf nicht auf ganz normales weißes Büropapier drucken lassen, sondern ein schwereres, edleres Briefpapier wählen. Denken Sie ruhig auch über die Gestaltung der Briefumschläge nach. Sie sind schließlich das Erste, das der Briefempfänger von Ihnen sieht. Ein Briefumschlag aus festem, eventuell leicht in Ihrer Firmenfarbe getöntem Papier mit Ihrem Logo darauf macht auf den ersten Blick deutlich, wer da schreibt. Und es wirkt wesentlich hochwertiger als der weiße Standardumschlag aus dem Post-Shop.

Ich persönlich habe mich für ein schweres, leicht strukturiertes cremefarbenes Briefpapier mit passenden Umschlägen entschieden, auf das mein Briefkopf in Weinrot gedruckt ist. Auf der Rückseite des Umschlages befindet sich meine Adresse, ebenfalls in Weinrot. Ich habe schon öfter von Kunden gehört (z. B. wenn ich einer Rechnung oder einem Angebot hinterhertelefoniere): *„Ihre Briefe findet man sogar aus großen Poststapeln gleich heraus, Sie haben ja so ein schönes Briefpapier."* Das hat mich ein paar Hundert Euro gekostet, ist von seiner Wirkung her aber eigentlich unbezahlbar.

Wenn Sie nicht gerade in einem Großunternehmen arbeiten, das täglich Tausende Schriftstücke verschickt, gibt es eine weitere einfache Möglichkeit für Sie, Ihre Schreiben aus dem täglichen Poststapel herausstechen zu lassen: Frankieren Sie sie mit möglichst bunten und großen Sondermarken. Nicht nur Philatelie-Freunde werden da aufmerksam.

4. Schreiben Sie E-Mails im Sinne Ihrer Kunden

Ein Großteil der Kundenkorrespondenz erfolgt heute per E-Mail. Das ist schnell, billig und bequem. Aber sind E-Mails wirklich immer die besseren Briefe? Ist schneller immer besser? Wie formlos dürfen E-Mails sein? Und wie machen Sie sich in den überquellenden elektronischen Postfächern Ihrer Kunden überhaupt bemerk- und erinnerbar? Dieses Kapitel soll Ihnen dabei helfen, E-Mails kundenorientiert einzusetzen.

Als ich 1993 meinen ersten Job in der Newsletter-Redaktion eines kleinen Verlages antrat, bestand meine Arbeit daraus, Themen aus Fachzeitschriften, Büchern und Loseblattwerken zu recherchieren, Autoren telefonisch zu briefen und die Texte der Autoren am Computer zu redigieren und ins Newsletter-Layout einzupassen. Die Texte selbst schickten die Autoren auf Diskette. Manche älteren Autoren schrieben sogar noch auf ihrer Schreibmaschine und schickten die Ergebnisse auf Papier; der Verlag beschäftigte eigens eine freie Mitarbeiterin, um diese Texte am PC abzutippen und wiederum auf Diskette in die Redaktion zu schicken.

1993 liegt noch nicht lange zurück, aber die Zeiten der Disketten-Schickerei scheinen uns heute sehr fern. Internet und E-Mail sind inzwischen so selbstverständlich und unverzichtbar, dass selbst diejenigen, die den Einzug des digitalen Zeitalters miterlebt haben, beinahe vergessen haben, wie revolutionär das war. Per Mausklick Informationen zu recherchieren und Botschaften zu versenden, ist so viel einfacher, schneller, bequemer und billiger, dass wir uns rasend schnell daran gewöhnt haben.

Aus den Vorteilen der E-Mail-Kommunikation erwachsen allerdings auch ihre Nachteile: Wenn Sie ein Schreiben eigenhändig tippen, ausdrucken, in ein Kuvert stecken, adressieren, frankieren und zur Post(stelle) tragen müssen, überlegen Sie vorher, ob das die Mühe und die Kosten wert ist. Dieser Aufwand entfällt bei E-Mails – genau deswegen bekommen Sie jede Menge Spam, Rundschreiben an alle, Kopien von Mails zu Vorgängen, die Sie weder betreffen noch interessieren, und andere überflüssige Botschaften. Was der Schreibende an Zeit und Mühe einspart, muss der Empfangende nun aufwenden: die Betreffs lesen, herausfinden, welche E-Mails wichtig sind, die übrigen löschen oder ablegen, sich dann endlich der Bearbeitung der wichtigen zuwenden ...

Der erste und wichtigste Rat, den ich Ihnen im Zusammenhang mit E-Mails an Kunden gebe, lautet daher: Versenden Sie keine unnötigen Mails. Schreiben Sie Ihren Kunden nur dann, wenn Sie tatsächlich relevante Informationen für sie haben.

Eng damit verknüpft ist der zweite Rat: Überlegen Sie genau, ob eine E-Mail für Ihre Botschaft überhaupt das richtige Medium ist. Im regelmäßigen Kontakt mit einem guten und vertrauten Kunden sind E-Mails perfekt geeignet, um schnelle Botschaften – *„das Treffen am 15. klappt wie vereinbart"* oder *„wir haben die Ware heute verschickt"* – zu senden. Aber wie ist das, wenn Sie sich um einen neuen Kunden bemühen? Wenn Sie den persönlichen Kontakt erst aufbauen wollen? Wenn Sie komplexe Informationen oder gar eine negative Botschaft zu übermitteln haben?

Gerade im digitalen Zeitalter gilt: „Offizielle" Anlässe verlangen nach der guten alten Papierform. Ein per Post übermitteltes Schreiben macht Ihnen mehr Arbeit – damit zeigen Sie dem Kunden gegenüber größere Wertschätzung. Ihre Selbstvorstellung, Ihr erstes Angebot, die erste Antwort auf Ausschreibungen und Anfragen (es sei denn, Sie haben diese schon per E-Mail erhalten) sollten Sie daher auf Papier übermitteln. Erstkontakte zum Kunden dürfen Sie ohnehin nicht via E-Mail knüpfen.

Gut zu wissen

Die rechtliche Seite der E-Mail-Akquise

Ob Sie sich an Geschäfts- oder an Privatkunden wenden: Grundsätzlich dürfen Sie nicht einfach so („kalt") per E-Mail akquirieren. E-Mail-Werbung ist nur dann zulässig, wenn der Empfänger sein Einverständnis erklärt hat. Für dieses Einverständnis reicht es nicht aus, wenn Sie eine Visitenkarte oder einen Brief mit einem Briefkopf erhalten haben, aus dem die E-Mail-Adresse hervorgeht. Vielmehr muss der Kunde ausdrücklich erklärt haben, dass Sie ihm E-Mail-Werbung schicken dürfen („Opt-in-Verfahren").

Einzige Ausnahme von dieser Regel: Es handelt sich um einen Kunden, der Ihnen seine E-Mail-Adresse im Rahmen einer bereits erfolgten Transaktion überlassen hat. Dann dürfen Sie davon ausgehen, dass er an weiteren ähnlichen Angeboten interessiert ist. Hat ein Kunde bei Ihnen beispielsweise eine Lebensversicherung abgeschlossen, dürfen Sie ihm ohne weiteres eine Werbe-E-Mail über Ihre Produkte zur Unfallversicherung zusenden. Nicht rechtmäßig wäre es allerdings, wenn Sie für etwas völlig anderes werben, ihm etwa Honig aus Ihrer Hobby-Imkerei anbieten. Diese Ausnahmeregelung greift übrigens nur, wenn der Kunde sowohl bei der Erhebung als auch bei jeder weiteren Nutzung seiner E-Mail-Adresse deutlich darauf hingewiesen wird, dass er diese Nutzung jederzeit ohne zusätzliche Kosten für ihn widerrufen kann.

Die Rechtslage ist also ziemlich restriktiv. Sie sollten sich unbedingt an sie halten. Zum einen drohen Ihnen anderenfalls teure Abmahnungen. Zum anderen wissen Sie selbst, wie lästig und nervig unerwünschte Werbe-E-Mails sind. Es kann nicht in Ihrem Interesse sein, sich bei Ihren potenziellen Neukunden gleich als Spammer einzuführen und sich damit ab dem ersten Kontakt unmöglich zu machen.

Wann sollten Sie eine E-Mail, wann einen Brief versenden?

Nicht aus rechtlichen, aber aus stilistischen Gründen sollten Sie auch bei allen „offiziellen privaten" Schreibanlässen zum Briefpapier greifen: Gratulationen zu Geburtstagen, Hochzeiten, Geburten und Jubiläen sind persönliche Gesten und Zeichen der Wertschätzung an Ihre Kunden. Wer wirklich Stil hat, verfasst diese handschriftlich auf einer hochwertigen Karte – am besten sogar mit Füller und Tinte.

Dasselbe gilt für Schreiben aus weniger schönem Anlass, etwa Genesungsbriefe oder Kondolenzschreiben. Innere Anteilnahme kann nicht virtuell ausgedrückt werden. Weihnachtswünsche an 450 Kunden drucken Sie natürlich aus, unterschreiben aber wenigstens handschriftlich.

Nicht nur schwierige Anlässe, auch schwierige Inhalte erfordern ein persönliches Gespräch oder Papier als Trägermedium. Wenn Sie sich bei einem Kunden entschuldigen, auf eine Reklamation antworten oder an eine Zahlung erinnern müssen, greifen Sie zum Telefonhörer oder schicken einen „echten" Brief.

Wenn Sie komplexe Sachverhalte vermitteln, etwa ein technisch aufwändiges Produkt oder ein umfassendes Angebot erklären wollen, eignet sich ein Brief mit beigelegtem Informationsmaterial (Flyer, Katalog, Preisliste) ohnehin am besten. E-Mails sind hier allenfalls passend, wenn es sehr schnell gehen muss oder wenn Ihr Kunde sich die Informationen ausdrücklich auf elektronischem Weg gewünscht hat. In aller Regel führen umfangreiche Anhänge mit komplexen Informationen aber dazu, dass der Empfänger sie ausdruckt, um sie in Ruhe durchlesen, aufnehmen und verstehen zu können. Damit hat er die Arbeit, die sich der Absender gespart hat.

Wann also sind E-Mails das geeignete Übertragungsmedium? Immer dann, wenn Ihr Kunde einen Vorteil davon hat: bei kurzen, schnellen Mitteilungen wie Auftrags-, Termin- und Eingangsbestätigungen, Antworten auf dringende Fragen oder Bitten.

In diesem Zusammenhang habe ich noch einen Tipp für Sie: Seien Sie sparsam mit Priorisierungen. Natürlich kann es passieren, dass in der täglichen E-Mail-Flut eine einzelne Nachricht untergeht. Wenn es sich um eine sehr wichtige und dringende Terminsache handelt, tun Sie Ihrem Kunden daher einen Gefallen, wenn Sie die Nachricht als wichtig kennzeichnen. Wenn allerdings neben jeder Ihrer E-Mails ein rotes Ausrufezeichen prangt, nutzt sich das als Aufmerksamkeitserreger schnell ab. Am Ende ist der Kunde genervt und betrachtet keine Ihrer Botschaften mehr als wirklich wichtig.

Vorsicht vor zu „schnellen" Mails

E-Mails sind einerseits schriftliche Kommunikation. Schließlich tippen wir sie in die Tastatur, lesen sie am Bildschirm, können sie ausdrucken und aufbewahren. Andererseits sind sie aber sehr nah am gesprochenen Wort. Sie sind vergleichsweise formlos und werden mitunter so schnell hin und her gesendet, dass der entstehende Dialog tatsächlich Ähnlichkeit mit einem Gespräch hat.

Genau hier lauert eine besonders tückische Kommunikationsfalle: Wir empfinden E-Mails als so wortähnlich, dass wir sie fast so schreiben, wie wir sprechen. Wir halten sie für ebenso flüchtig wie das gesprochene Wort. Aber das sind sie nicht. Einmal geschrieben und versandt sind elektronische Briefe dauerhaft sichtbar und meist ebenso wenig zurückholbar wie Papier-Briefe. Wir vergessen allzu oft, dass es sich immer noch um Einweg-Kommunikation handelt, dass unser Gesprächspartner uns genauso wenig sehen und hören kann wie wir ihn. Wir unterschätzen die unerwünschten Nebenwirkungen, die wir damit produzieren.

Oft sind es Kleinigkeiten, die große Wirkungen haben: Der Kunde hat beispielsweise seine Frage an Sie mit *„Lieber Herr XY"*, adressiert, Sie antworten mit *„Sehr geehrter Herr Kunde"*. Das ist korrekt. Aber auch distanziert. Ihr Kunde fühlt sich dadurch vielleicht zurückgewiesen. Oder Sie schreiben *„Hallo Herr Kunde"*. Die Antwort beginnt mit *„Sehr geehrter Herr XY"*. Wollte Ihr Kunde Sie damit wegen der leicht flapsigen Anrede zurechtweisen? Sie auf Distanz bringen? Hat er sich gar nichts dabei gedacht? Oder Sie schreiben durchaus nett gemeint in einer Antwort an einen guten Kunden, der zu ungeplantem Bestellverhalten neigt: *„Brauchen Sie es wie immer bis gestern?"* Ihr Kunde liest daraus möglicherweise kein Witzchen, sondern einen Vorwurf.

Seien Sie also vorsichtig. Formulieren Sie genauso überlegt, wie Sie es in einem „richtigen" Schreiben tun würden. Versuchen Sie, Missverständnisse durch klare Formulierungen zu vermeiden. Verzichten Sie auf Ironie, Witzchen und flapsige Sprache. Die Gefahr ist zu groß, dass diese falsch ankommen und Sie es nicht oder zu spät merken.

Und lassen Sie sich Zeit. Zwar ist die E-Mail ein schnelles Medium, das schnelle Reaktion verlangt. Ein Kunde, der Ihnen Montag um 9 Uhr eine E-Mail schickt, will bis spätestens 11 Uhr eine Antwort haben. Solange Ihre

Antwort „*ja, gerne, kein Problem*" lautet, ist es natürlich unproblematisch, wenn Sie sie gleich losschicken (für eine kurze Rechtschreib- und Grammatikkontrolle sollte es aber auf jeden Fall reichen!).

Aber bei schwierigeren E-Mails bzw. Antworten sollten Sie dem Zwang zur Eile widerstehen. Selbst wenn die Mail an Sie formlos und vielleicht sogar stillos daherkommt, sollten Sie nicht spontan auf die gleiche Art zurückschreiben. Auf gar keinen Fall sollten Sie eine E-Mail an einen Kunden schreiben, über den Sie sich gerade geärgert haben. Anspruchsvolle, nörgelnde, reklamierende, feilschende oder sonstwie anstrengende Kunden können zweifellos nerven. Dann gehen Sie in Ihrem Büro auf und ab und sagen Sie dem Kunden imaginär, was Sie von ihm halten. Vielleicht schreiben Sie ihm einen geharnischten Brief. Hauptsache, Sie schicken ihm keine E-Mail.

Den Brief können Sie über Nacht liegen lassen. Wenn Sie ihn am nächsten Tag noch einmal durchlesen, werden Sie ihn ganz sicher zerreißen und neu formulieren. Wenn Sie aber Ihre Zorn-Botschaft gleich getippt und auf „senden" geklickt haben, gibt es kein Zurück mehr. Die Mail ist weg, der Ärger da.

Einen Streit mit einem Kunden kann man aber nicht gewinnen. Selbst wenn Sie sich in der Sache durchsetzen, die Kundenbeziehung leidet oder geht ganz verloren. Natürlich können Sie entscheiden, für einen besonders unverschämten Kunden nicht mehr arbeiten bzw. ihn nicht mehr beliefern zu wollen. Aber das sollten Sie ihm dann gelassen und formvollendet (fern-)mündlich oder schriftlich mitteilen.

Ich antworte heute nicht mehr sofort auf E-Mails, über die ich mich ärgere. Ich lasse sie grundsätzlich zunächst im Posteingang liegen und überlege mir erst am Folgetag eine passende Reaktion. Die besteht in aller Regel in einem Telefonat oder der Bitte um ein persönliches Gespräch. Das sind immer noch die besten Kommunikationswege, wenn es gilt, Konflikte zu lösen.

Wahren Sie auch bei E-Mails die Form

Vielleicht tun Sie es selbst, vielleicht kennen Sie es von Ihren Kindern: Wenn Sie mit Freunden chatten, schreiben Sie fast genauso wie Sie sprechen. Über Grammatik und Rechtschreibung brauchen Sie sich nicht allzu viele Gedanken zu machen, die gängigen Abkürzungen ersparen Ihnen unnötige Tipparbeit, Gefühle und Ironie verdeutlichen Sie mit Smileys oder Emoticons. Im privaten Bereich ist das okay, wenn sich alle Beteiligten darüber einig sind. Im Umgang mit Kunden ist dieser nachlässige Stil aber fehl am Platz.

Wenn Sie an Kunden mailen, sollten Sie genauso sorgfältig formulieren, wie Sie es auf Papier tun würden. Sie sollten dieselbe Mühe auf die Rechtschreibung verwenden und jeden Text nochmals Korrekturlesen, bevor Sie ihn versenden. Sie sollten sich sogar mehr Gedanken als beim Brief machen, was die Struktur und Länge Ihrer Nachricht angeht. Ein zweiseitiger Brief ist nichts Besonderes, eine genauso lange E-Mail ein Unding. Einen so langen Text am Bildschirm zu lesen und dabei laufend zu scrollen, ist für den Empfänger eine Zumutung.

Kundenfreundlich ist eine E-Mail dann, wenn sie kurz, auf das Wesentliche konzentriert, klar formuliert und gut strukturiert ist – und wenn sie in Form und Sprache Sorgfalt erkennen lässt.

Wählen Sie einen aussagekräftigen Betreff

Sie wissen selbst, wie das ist: Die Flut der eingehenden E-Mails kanalisieren Sie am besten anhand der Betreffs. Je konkreter der Betreff ist, desto besser kann Ihr Kunde Ihre Mail herausfischen, ihre Wichtigkeit erkennen und sie dem entsprechenden Vorgang zuordnen. Im Idealfall sind dem Betreff bereits alle relevanten Informationen zu entnehmen, wie bei den folgenden Beispielen:

Statt dem unspezifischen Betreff:	setzen Sie lieber das konkretere:
Terminanfrage	Können wir uns am 15.09. treffen?
Unser Termin	Terminverschiebung – geht es bei Ihnen am Freitag?
Frage	Ich habe noch eine Frage zu Ihrem Auftrag
Auftragsbestätigung Nr. 123456	Danke für Ihren Auftrag vom 03.08.
Versandbestätigung	Ihre Lieferung (Auftragsnummer 987654) wurde soeben versandt!
Newsletter der Müller oHG August 2010	Unsere Neuprodukte gibt es bis 31.08. zum Einführungspreis

Zu lang sollte der Betreff allerdings nicht ausfallen, da je nach Programm sonst Teile davon nicht lesbar sind. Wenn Sie ins Ausland (z. B. auch in die Schweiz) schreiben, sollten Sie Umlaute auflösen und „ß" durch „ss" ersetzen.

E-Mail-Profis achten beim Betreff zusätzlich darauf, dass er keine Begriffe enthält, die von Anti-Spam-Programmen als verdächtig eingestuft werden. Ich erinnere mich beispielsweise an die Werbemail eines Verlages, die ausgerechnet für ein Kompendium zum Thema Werbetexten trommeln sollte. Die Betreffzeile enthielt den Produktnamen mit dem Zusatz *„Viagra für Ihre Werbebriefe"*. Erst als die Response-Quote nahe Null blieb, kam man im Verlag darauf, dass die E-Mail von kaum einem Empfänger gelesen worden war. „Viagra" ist natürlich einer der Begriffe, auf den jeder gängige Spam-Filter anspricht – die E-Mails waren sofort als Werbemüll aussortiert worden. Ähnlich steht es übrigens mit Begriffen wie „Sonderangebot", „Rabatt", „gratis", aber auch mit Wörtern, die ganz in Großbuchstaben geschrieben sind.

SCHREIBEN IN GROSSBUCHSTABEN GILT IN E-MAILS ÜBRIGENS ALS SCHREIEN; KUNDEN ANZUSCHREIEN IST OHNEHIN UNHÖFLICH. Und wenn wir schon dabei sind: manche leute halten es immer noch für progressiv, in e-mails nur kleinschreibung zu verwenden. Das mag für weniger tastaturgeübte praktisch sein; es entspricht aber nicht den regeln der deutschen rechtschreibung und erschwert außerdem dem empfänger das lesen der botschaft.

Weniger förmlich, aber nicht formlos: die Anrede

Auch in E-Mails an neue oder potenzielle Kunden ist die Anrede *„Sehr geehrte Frau Müller"* empfehlenswert. Allerdings können Sie bei E-Mails schneller weniger distanzierte Anreden einsetzen:

- *Hallo Frau Müller*
  ist in Mails sehr etabliert. Ich persönlich verwende diese Anrede nur bei Kontakten, zu denen ich ein neutrales oder gar negatives Verhältnis habe (die ich deswegen nicht als „liebe Frau Müller" ansprechen möchte). Es ist weniger förmlich als die „Sehr-geehrte-Frau-Müller"-Anrede, aber nicht unbedingt höflicher oder herzlicher.

- *Liebe Frau Müller,*
  ist eine sympathische Anrede für eine Person, die Sie kennen und schätzen.

- *Guten Morgen Frau Müller,*
  lässt sich in Briefen nicht, in E-Mails aber sehr wohl einsetzen, da Sie davon ausgehen können, dass Ihre Nachricht kurz nach dem Versenden empfangen und gelesen wird.
- *Hallo Petra Müller/Hi,*
  sollten Sie vermeiden, weil es für einen Kundenkontakt selbst dann zu formlos ist, wenn dieser per E-Mail erfolgt.

Bei E-Mails kann es passieren, dass eine Nachricht mehrfach beantwortet und hin- und hergeschickt wird. Sie sollten irgendwann überlegen, ob Sie nicht den Betreff anpassen, damit Ihr Mail-Partner die Nachrichten noch zuordnen kann. Auf eine Anrede sollten Sie deswegen nicht gleich verzichten; erst ab einer höheren Anzahl von „AWs" oder sobald Ihr Kunde die Anrede weglässt, können Sie das auch tun.

Unverzichtbar: die Grußformel

Grüße gehören ans Ende einer E-Mail ebenso wie ans Ende eines Briefes. Grußlos zu enden ist auch in der elektronischen Kommunikation unhöflich. Abgekürzte Grüße – ich denke hier an das immer wieder zu lesende „MfG" – sind ebenfalls inakzeptabel. Ein Gruß, der Ihnen nicht einmal die Mühe des Ausschreibens wert ist, ist kein Gruß.

Für E-Mails eignen sich alle Grußformeln, die Sie für Briefe auch verwenden können (Seite 54). Zusätzlich können Sie aktuelle Wetterinformationen einfließen lassen, da Ihre Mail ja zeitnah gelesen wird, etwa

- *Viele Grüße aus dem winterlichen Allgäu*
- *Sonnige Grüße aus dem sommerlichen Breisgau*
- *Herbstliche Grüße aus dem nebligen Augsburg*
- *Herzliche Grüße aus dem sonnigen Berlin*

Oder andere tages(zeit)aktuelle Varianten:

- *Frische Morgengrüße sendet Ihnen*
- *Späte Grüße (in Mails nach 18 Uhr)*
- *Ein schönes Wochenende wünscht Ihnen (ab Freitag Mittag)*

Das passt sicher nicht für jeden Empfänger und auch nicht für jeden Anlass, ist aber ein netter Mail-Ausstieg, wenn Sie es mit einem guten, vertrauten Kunden zu tun haben. Ich versende häufig jahreszeitliche oder wetterinspirierte Grüße an meine Stammkunden; oft ergibt sich daraus ein kleiner virtueller Smalltalk (*„Hier ist es leider kein bisschen sonnig ..."*).

Rechtlich verpflichtend: die Signatur

Seit 01.01.2007 sind Sie gesetzlich dazu verpflichtet, folgende Pflichtangaben in E-Mails zu machen[2]:

- Ihr Firmenname und -ort,
- das für Sie zuständige Registergericht,
- Ihre Handelsregisternummer und
- die vertretungsberechtigten Gesellschafter.

Diese Verpflichtung gilt für Sie, wenn Sie als Kaufmann im Handelsregister eingetragen sind oder wenn Sie für Ihr Unternehmen schreiben, das in der Rechtsform einer Personen- oder Kapitalgesellschaft betrieben wird. Als Freiberufler und Solo-Selbstständiger müssen Sie mangels Vorhandensein weder Registergericht noch Handelsregisternummer nennen, dafür aber eine „ladungsfähige" Adresse, also Ihre Privat- oder Büroanschrift, an der Sie auch tatsächlich anzutreffen sind.

Diese Angaben müssen für den Empfänger offen lesbar und dürfen nicht in einer V-Card oder einem Link versteckt sein. Am besten, Sie nehmen sie in Ihre E-Mail-Signatur (entspricht dem Unterschriftenblock im Brief) auf. Meine Standardsignatur lautet beispielsweise:

Barbara Kettl-Römer
Freie Wirtschaftsjournalistin, Autorin und Dozentin
Mühlenweg 1
87634 Günzach
Telefon 08372 929753
E-Mail info@kettl-roemer.de
www.kettl-roemer.de
Besuchen Sie auch meine neue Website www.diebriefprofis.de

Bei einer fehlenden Signatur könnten Sie vom Registergericht mit einem Bußgeld belegt werden und müssen eventuell sogar mit einer wettbewerbs-

---

[2] Handelsgesetzbuch (HGB), §§ 37a, 125a sowie GmbH-Gesetz § 35.

rechtlichen Abmahnung rechnen. Definieren Sie also am besten eine Signatur als Standard in Ihrem E-Mail-Programm. Dann sind Sie rechtlich auf der sicheren Seite. Außerdem hat Ihr Kunde damit alle Angaben auf dem Bildschirm, die er braucht, wenn er Sie kontaktieren oder sich weiter über Sie informieren will. Und, wie Sie an meinem Beispiel sehen: Platz für eine kleine Werbezeile ist da auch noch …

Sorgen Sie für Struktur und Kürze

E-Mails müssen wegen der schlechteren Lesbarkeit am Bildschirm noch kürzer und prägnanter sein als Briefe. Zusatz- und Hintergrundinformationen gehören nicht in die Nachricht selbst, sondern sollten als Anhang versandt werden. Die Anhänge wiederum dürfen nicht beliebig groß sein, da sonst die Ladezeiten beim Empfänger zum Ärgernis werden können.

Faustregel: Ab einer Dateigröße von 2 MB sollten Sie ein Komprimierungstool verwenden (z. B. Winzip). Stellen Sie aber vorher sicher, dass Ihr Kunde ebenfalls über dieses Tool verfügt.

Bauen Sie Ihren – kurzen – Text so auf, dass Sie die wichtigste Information gleich am Anfang bringen. Diese Hauptbotschaft gehört natürlich in den E-Mail-Text und darf nicht im Anhang versteckt werden. Noch strenger als beim Brief gilt die Regel: für jeden Hauptgedanken schreiben Sie einen eigenen Absatz.

Nach jedem Absatz setzen Sie eine Leerzeile. Wenn Sie drei Punkte ansprechen wollen, sollten Sie das gleich im ersten Satz sagen: „Ich habe noch drei Fragen an Sie: 1. …, 2. …, 3. … Damit erhöhen Sie die Wahrscheinlichkeit, dass tatsächlich alle drei Punkte gelesen werden. Sätze wie Absätze sollten ebenfalls kurz sein. Sie wissen ja nicht, in welcher Ansicht Ihr Text beim Leser auf seinem Bildschirm angezeigt wird. Je kürzer und übersichtlicher Sie ihn abfassen, desto sicherer können Sie sein, dass er gut lesbar ist.

Teil II

Kundenorientierte Korrespondenz für jeden Anlass - Tipps, Checklisten und Musterbriefe

Von A wie Anfrage beantworten bis W wie Weihnachtsbriefe

Der Geschäftsbrief – diese Angaben müssen Sie machen

Bevor wir uns mit den einzelnen Schreibanlässen beschäftigen, sollten wir noch einen Blick auf die gesetzlichen Vorschriften für Ihre Kundenkorrespondenz werfen. Der Gesetzgeber hat nämlich verfügt, dass bestimmte Angaben auf allen Ihren Geschäftsbriefen zu finden sein müssen (lesen Sie dazu auch den Abschnitt über die E-Mail-Signatur, Seite 74)[3].

Diese Verpflichtung soll dafür sorgen, dass mögliche Geschäftspartner sich schon vor Beginn einer Geschäftsbeziehung über Sie, Ihr Unternehmen und seine näheren Verhältnisse informieren können. So betrachtet handelt es sich also nicht um eine juristische Gängelei, sondern durchaus um Orientierung am Kunden und seinem Sicherheitsbedürfnis. Falls Sie gegen diese Verpflichtung verstoßen, kann das zuständige Registergericht gegen Sie ein Zwangsgeld von bis zu 5.000 Euro verhängen.

Es ist zwar nicht wahrscheinlich, dass Sie erwischt und mit dieser Strafe belegt werden, aber besser ist es natürlich, Sie gehen auf Nummer Sicher und machen die Pflichtangaben. Schließlich arbeiten Sie für ein seriöses Unternehmen bzw. sind als Solo-Selbstständiger vertrauenswürdig und haben nichts zu verbergen.

Was ist ein „Geschäftsbrief"?

Als „Geschäftsbrief" im Sinne der gesetzlichen Vorgaben gilt jedes Schreiben, das Sie an externe Adressaten (Kunden, Lieferanten, andere Geschäftspartner) schicken und das grundsätzlich dazu geeignet ist, einen Erstkontakt herzustellen.

---

[3] Die entsprechenden Regelungen finden Sie in § 15b GewO, §§ 37a, 125a, 177a HGB, § 35a GmbHG, § 80 AktG.

als Geschäftsbrief gelten beispielsweise:	nicht als Geschäftsbrief gelten:
<ul><li>Angebote</li><li>Antworten auf Anfragen</li><li>Auftragsbestätigungen</li><li>Bestellscheine</li><li>Quittungen</li><li>Preislisten</li><li>Rechnungen</li><li>E-Mails, Faxe, Postkarten und vorgedruckte Formulare, die aus den oben genannten Anlässen anstelle eines Geschäftsbriefes verschickt werden</li></ul>	<ul><li>unternehmensinterne Schreiben, auch nicht solche zwischen Filialen oder Niederlassungen eines Unternehmens</li><li>Empfangsbestätigungen</li><li>Lieferscheine</li><li>persönlich adressierte Werbeschreiben, die keine direkte Bestellmöglichkeit enthalten</li><li>nicht adressierte Schreiben wie Postwurfsendungen oder Anzeigen in Zeitungen und Zeitschriften</li></ul>

Diese Angaben sind verpflichtend

Je nach der Rechtsform Ihres Unternehmens müssen Sie mehr oder weniger weitgehende Angaben machen:

als ...	müssen Sie angeben:
nicht im Handelsregister eingetragener Einzelunternehmer oder Freiberufler	– Ihren Familiennamen mit mindestens einem ausgeschriebenen Vornamen – Ihre ladungsfähige Anschrift (also kein Postfach)
Gesellschaft bürgerlichen Rechts (GbR oder BGB-Gesellschaft)	– die Familiennamen aller Gesellschafter mit jeweils mindestens einem ausgeschriebenen Vornamen – die ladungsfähige Anschrift aller Gesellschafter
im Handelsregister eingetragener Einzelunternehmer	– Ihre Firma (mit dem im Handelsregister eingetragenen Wortlaut) – den Rechtsformzusatz „eingetragener Kaufmann" bzw. „eingetragene Kauffrau" oder eine Abkürzung dieses Zusatzes, etwa „e. K.", „eK", „e. Kffr." – den Ort, an dem sich Ihr Firmensitz befindet – das Registergericht und die Handelsregisternummer
offene Handelsgesellschaft (oHG) oder Kommanditgesellschaft (KG)	– Ihre Firma (mit dem im Handelsregister eingetragenen Wortlaut) – die Rechtsform (oHG oder KG) – den Ort, an dem sich Ihr Firmensitz befindet – das Registergericht und die Handelsregisternummer

GmbH & Co. KG GmbH & Co. oHG AG & Co. KG AG & Co. oHG	– alle Angaben, die für KG und oHG verpflichtend sind sowie zusätzlich – die Firmen (Namen) der Gesellschafterunternehmen – mit den für sie vorgeschriebenen Angaben
Gesellschaft mit beschränkter Haftung (GmbH) haftungsbeschränkte Unternehmergesellschaft (UG)	– Ihre Firma (mit dem im Handelsregister eingetragenen Wortlaut) – die Rechtsform – der Ort, an dem sich Ihr Firmensitz befindet – das Registergericht und die Handelsregisternummer – alle Geschäftsführer mit Familiennamen und mindestens einem ausgeschriebenen Vornamen – gegebenenfalls den Vorsitzenden des Aufsichtsrates mit Nachnamen und mindestens einem ausgeschriebenen Vornamen
Aktiengesellschaft (AG)	– den vollständigen Firmennamen (mit dem im Handelsregister eingetragenen Wortlaut) – die Rechtsform (AG) – Sitz der Gesellschaft – das Registergericht des Firmensitzes und die Handelsregisternummer – alle Vorstandsmitglieder und den Vorsitzenden des Aufsichtsrates mit Familiennamen und mindestens einem ausgeschriebenen Vornamen.

Am einfachsten ist es, wenn Sie diese Pflichtangaben in Ihren Briefkopf bzw. in Ihre Formularköpfe integrieren.

Anfragen beantworten

Davon kann Ihr Unternehmen bzw. können Sie als Selbstständiger eigentlich nur träumen: Potenzielle Kunden kommen von selbst auf Sie zu und fragen nach Ihren Leistungen. Sie brauchen nur noch darauf zu reagieren; mit etwas Glück schreibt sich der Auftrag dann wie von selbst. Erstaunlicherweise erkennen viele Unternehmen diese Chance aber nicht. Nach dem Motto „*Hilfe, ein Kunde stört uns bei der Arbeit!*" werden Anfragen spät, unpersönlich und manchmal auch gar nicht beantwortet. Besonders bei E-Mail-Anfragen ist das fatal, da der Kunde bei diesem schnellen Medium verständlicherweise eine schnelle Antwort erwartet. Gerade hier dauert es aber oft besonders lange, bis eine Antwort kommt – wenn überhaupt eine kommt.

Die Studie „E-Mail-Kommunikation 2008 auf dem Prüfstand", die vom E-Commerce-Center Handel (ECC) durchgeführt wurde, testete beispielsweise 72 Handels- und Dienstleistungsunternehmen, die das Internet als Vertriebskanal nutzen, mit jeweils zehn E-Mail-Anfragen durch vermeintliche Kunden. Obwohl diese Unternehmen ihre Waren und Leistungen über das Internet verkaufen wollten, lief so manche Kundenanfrage ins Leere[4]:

Mehr als ein Viertel der Anfragen wurde überhaupt nicht beantwortet. Wo es Antworten gab, trudelten fast 30 Prozent erst am zweiten Tag oder noch später ein; jede zehnte Antwort-Mail wurde sogar erst am 5. Tag oder noch später versendet. Selbst das lange Warten zahlte sich für die „Kunden" nicht immer aus: Gut ein Viertel der Antwort-Mails gingen inhaltlich nicht oder nur unzureichend auf die gestellten Fragen ein. Andere Studien kommen im Wesentlichen zum selben Ergebnis: Ein immer noch großer Anteil der Unternehmen reagiert auf Kundenanfragen per E-Mail nicht oder nur unzureichend. Merkwürdigerweise geben dieselben Unternehmen oft eine Menge Geld für Werbung aus, mit der sie Kundenanfragen anregen wollen ...

Was Sie selbst als Kunde nervt, werden Sie in Ihrem eigenen Unternehmen besser machen: Anfragen per E-Mail oder Telefon sollten Sie grundsätzlich am selben Tag, spätestens am Folgetag beantworten. Wenn Sie es nicht schaffen, in diesem Zeitraum eine echte Antwort zu erarbeiten, schicken Sie wenigstens einen Zwischenbescheid. Auf schriftliche Anfragen sollten Interessenten binnen einer Woche eine Antwort von Ihnen erhalten.

---

4   ECC-Pressemeldung vom 15.01.2009

Das gilt selbst dann, wenn für Sie ersichtlich ist, dass aus der Anfrage wahrscheinlich kein Auftrag wird, weil der Absender nicht zu Ihrer Zielgruppe gehört, nach etwas fragt, das Sie gar nicht bieten oder Sie zur Zeit keine weiteren Aufträge annehmen können. Trotzdem wissen Sie nie, wann Sie dem Absender der Anfrage wieder begegnen, wen er kennt, mit wem er – auch über Sie – spricht …

Wenn Sie sehr viele E-Mail-Anfragen bekommen, ist es sinnvoll, eine automatische Eingangsbestätigung zu versenden, damit der Absender sicher weiß, dass seine E-Mail angekommen ist. Etwa so:

> **Beispiel**
>
> Guten Tag,
>
> vielen Dank für Ihre Anfrage. Wir werden sie umgehend bearbeiten und uns so bald wie möglich bei Ihnen melden.
>
> Ihre XY AG

Natürlich müssen Sie das dann auch tun! Wenn es von der Anzahl der eingehenden Anfragen her irgendwie möglich ist, sollten Sie aber versuchen, manuelle und individuelle Antworten (und Zwischenbescheide) zu versenden.

Check-Box

Elemente Ihrer Antwort auf eine Kundenanfrage

- ☐ Ausdruck von Freude über/Dank für das Interesse des Kunden
- ☐ Erteilung der gewünschten Auskunft, soweit möglich (falls nicht: Erklärung, warum sie nicht möglich ist und eventuell ein Hinweis auf alternative Informationsquellen)
- ☐ bei kritischen Anfragen: Verständnis für das Anliegen
- ☐ gegebenenfalls weiteres Informationsmaterial
- ☐ gegebenenfalls Namen und Kontaktdaten eines Ansprechpartners, an den sich der Kunde zukünftig direkt wenden kann

Muster-Antworten auf Kundenanfragen

1. Antwortbrief auf eine Anfrage, in der Informationsmaterial von Ihnen erbeten wurde

---

Wir freuen uns auf Ihren Besuch!

Sehr geehrte Frau Gürtler,

herzlichen Dank für Ihr Interesse an … Gern übersenden wir Ihnen das gewünschte Informationsmaterial: unseren aktuellen Katalog, die Preisliste sowie die neuen Produkt-Flyer.

Beim Schmökern in den Unterlagen wünschen wir Ihnen viel Vergnügen. Wenn Sie mehr über uns und unsere Produkte wissen wollen, finden Sie weitere aktuelle Informationen im Internet unter www.firma.de.

Haben Sie noch Fragen? Dann rufen Sie uns einfach an. Unter Tel. 098 765432-0 erreichen Sie uns montags bis freitags von 9 bis 18 Uhr.

Herzliche Grüße aus Neustadt

Karl Maurer

Kundenservice

2. Antwort auf eine E-Mail-Anfrage, in der sich ein Kunde nach einem nicht mehr aktuellen Angebot erkundigt hat

---

An: h.biele@gratismail.de
CC:
AW: Artikel 12345 zum Einführungspreis

Sehr geehrter Herr Biele,

wir freuen uns über Ihr Interesse an unserem ... Das von Ihnen angesprochene Einführungsangebot war allerdings befristet bis zum 31. Juli 200X. Da dieser Termin bereits seit über drei Wochen verstrichen ist, bitte ich um Ihr Verständnis dafür, dass wir Ihnen den Artikel 12345 nur zum regulären Listenpreis von 59,90 Euro anbieten können.

Gerne übersende ich Ihnen anbei die aktuelle Preisliste, die nähere Produktbeschreibung und ein Bestellformular, das Sie ausdrucken und per Fax an uns zurücksenden können.

Ich kann verstehen, wenn Sie jetzt ein wenig enttäuscht sind. Als kleine Entschädigung mache ich Ihnen folgendes Angebot: Wenn Sie bis 01.09.200X bei uns bestellen, übernehmen wir ausnahmsweise die Versandkosten – Sie sparen also 5,90 Euro!

Mit freundlichen Grüßen

Mareike Rathfelder
Kundenservice XY GmbH

3. E-Mail-Antwort auf eine Anfrage nach einem Artikel, den Sie nicht führen

An: clara.brenner@gratismail.de
CC:
AW: Ihre Bitte um ein Angebot eines ... vom 12.07.

Sehr geehrte Frau Brenner,

vielen Dank für Ihre Anfrage. Das von Ihnen gewünschte ... führen wir derzeit allerdings nicht, so dass wir Ihnen leider kein Angebot darüber schicken können.

Nach meinen Recherchen wäre die Firma ... möglicherweise der richtige Ansprechpartner für Sie (www.firma-sonstwer.de). Ich hoffe, ich konnte Ihnen mit dieser Auskunft helfen.

Mit freundlichen Grüßen

Mareike Rathfelder
Kundenservice XY GmbH

4. Antwort auf eine kritische Kundenfrage

Ihre Anfrage zum Thema Kinderarbeit

Sehr geehrter Herr Beimer,

gerne beantworte ich Ihre Fragen bezüglich unserer XY-Produktlinie. Wir können gut verstehen, dass Sie als verantwortungsbewusster Konsument wissen wollen, woher die Produkte stammen, die Sie kaufen, und ob sie auch ethisch-moralisch internationalen Standards entsprechen.

Unsere XY-Produkte stammen aus einem Unternehmen, das zwei Fertigungsstätten in Bangladesh unterhält. Wir arbeiten seit mehreren Jahren mit der Ladesha Textiles Ltd. zusammen und haben sie als zuverlässigen Lieferanten schätzen gelernt. Wie alle unsere Lieferanten hat das Management von Ladesha Textiles uns schriftlich garantiert, dass die Produktionsbedingungen hohen Sicherheitsstandards entsprechen und keine Kinder unter 14 Jahren beschäftigt werden.

Wir haben bereits dreimal unangekündigte Kontrollbesuche in den beiden Ladesha-Werken gemacht und konnten uns davon überzeugen, dass die Produktion tatsächlich unseren Vorgaben entspricht.

Unserer Meinung nach sind damit alle Voraussetzungen erfüllt, dass Sie an den XY-Produkten lange Freude haben werden.

Freundliche Grüße aus Neustadt

Gerlinde Füller
Qualitätssicherung XY AG

Angebote

Jedem Kauf oder Verkauf liegt ein Vertrag zugrunde, selbst wenn das den Beteiligten oft gar nicht bewusst ist. Rechtlich betrachtet kommt jeder Vertrag durch ein Angebot und die Annahme dieses Angebots zustande. Im täglichen Leben (z. B. beim Lebensmitteleinkauf) passiert das mündlich („ich nehme dieses hier") bzw. durch schlüssiges Handeln (man legt beispielsweise die Ware aufs Transportband und bezahlt).

Auch viele Selbstständige schließen Verträge überwiegend mündlich. Ein Kunde ruft an, fragt *„könnten Sie dies und jenes für mich tun?"*, und Sie sagen *„ja"*. Oder Sie sagen im Gespräch mit einem Kunden: *„Ich erstelle Ihnen die Website so wie wir sie besprochen haben für 3.000 Euro"*. Das ist ein Angebot. Antwortet der Kunde freudig *„toll, das machen wir!"*, haben Sie einen rechtlich gültigen Vertrag geschlossen. In engen, vertrauten Kundenbeziehungen und bei Routineaufträgen ist das meist unproblematisch.

Aber was, wenn es sich um einen Neukunden handelt? Um einen komplexen oder sehr großen Auftrag? Um ein Kundenunternehmen, das jeden Vorgang schriftlich dokumentieren will und muss? Dann kommen Sie nicht darum herum, Ihre Angebote, Annahmen (Auftragsbestätigungen) und Verträge schriftlich abzufassen. Das bedeutet mehr Arbeit, aber auch mehr Sicherheit für Sie: Schriftliche Dokumente verhindern Missverständnisse und dienen als Beleg für die getroffenen Vereinbarungen. Natürlich sind sie auch Ausdruck Ihrer Kundenorientierung. Deswegen sollten Sie sie sehr sorgfältig formulieren.

Nach der Antwort auf die Anfrage Ihres Kunden erstellen Sie nun also Ihr Angebot.

Rechtlicher Hintergrund: Was ist ein Angebot?

Klar: Wenn Sie einem Kunden – aus eigenem Antrieb oder auf seine Anfrage hin – eine Aufstellung Ihrer Leistungen mit Preisen und Lieferterminen schicken und „Angebot" darüber schreiben, dann ist das auch für ihn erkennbar ein Angebot. Er kann es annehmen und bei Ihnen bestellen. Dann kommt ein Kauf- bzw. Werkvertrag zustande. Aber auch in weniger eindeutigen Fällen kann ein Angebot vorliegen:

Fall 1: Ihr Unternehmen verschickt eine adressierte Werbesendung (Mailing) an potenzielle Kunden, in der bestimmte Artikel beworben werden. Im selben Umschlag befindet sich eine Bestellkarte, die der

Kunde ausfüllen und zurückschicken bzw. -faxen kann. Dann ist Ihre Werbesendung ein Angebot. Füllt der Kunde eine Karte aus und schickt sie an Sie zurück, hat er das Angebot angenommen. Nun ist ein Kaufvertrag zustandegekommen und für beide Seiten verbindlich. Sie müssen die bestellte Ware bzw. Leistung liefern bzw. erbringen, Ihr Kunde muss sie bezahlen.

Nicht adressierte Werbung (z. B. Anzeigen oder Postwurfsendungen) gilt dagegen nicht als Angebot. Ein Kunde kann sich dann nicht darauf berufen, Sie müssten ihm eine beworbene Ware liefern, wenn Sie das nicht wollen oder können.

Fall 2: Ein Kunde fragt an, ob Sie ihm einen bestimmten Artikel zu einem bestimmten Preis in einer bestimmten Menge liefern können. Im täglichen Sprachgebrauch nennen wir das eine Anfrage. Juristisch gesehen ist die Anfrage aber ein Kaufangebot. Wenn Sie sinngemäß zurückschreiben: *„Ja, wir können und wollen liefern"* (das entspricht einer Auftragsbestätigung), haben Sie damit das Angebot angenommen.

Kompliziert wird es, wenn Sie antworten, dass Sie zwar liefern können, aber einen anderen Preis verlangen oder den Lieferzeitpunkt ändern. Dann ist das aus rechtlicher Sicht nämlich keine Annahme, sondern ein neues Angebot. Erst wenn Ihr Kunde dieses neue Angebot annimmt, ist ein Vertrag zustandegekommen.

Haben Sie ein verbindliches Angebot abgegeben, brauchen Sie noch die Zustimmung des Kunden, damit ein Vertrag entsteht. Manchmal wird es vorkommen, dass ein Kunde noch Änderungswünsche hat. Er will z. B. nur bestellen, wenn Sie den Preis senken, einen Rabatt gewähren oder Ihre Leistung in irgendeiner Form modifizieren. Darauf müssen Sie nicht eingehen. Sie sind nur an das gebunden, was Sie angeboten haben. Eine Bestellung bzw. Beauftragung mit Änderungswünschen gilt nämlich als neues Angebot, dem Sie wiederum zustimmen müssen.

Welche juristischen Fachbegriffe Sie kennen sollten

Bei der Formulierung Ihres Angebots sollten Sie auf folgende Begriffe achten, mit denen Sie sich rechtlich mehr oder weniger stark binden:

„Angebot freibleibend" oder „unverbindlich" Manchmal können Sie bei der Erstellung eines Angebots noch nicht genau absehen, ob Sie etwa die angegebenen Preise bis zur Auftragserteilung garantieren können oder ob Sie den Auftrag überhaupt termingerecht abwickeln können. In einem solchen Fall können und wollen Sie sich rechtlich nicht binden, sondern geben das Angebot „freibleibend" oder „unverbindlich" ab. Aus juristischer Sicht ist Ihr Angebot dann gar keines, sondern nur eine „Aufforderung zur Abgabe eines Angebotes".

Die Folge: Wenn Ihr Kunde auf das unverbindliche Angebot hin eine Bestellung schickt, ist noch kein Vertrag zustandegekommen. Den gibt es erst, wenn Sie wiederum bestätigen, dass Sie die Bestellung wie vereinbart ausführen. Stellen Sie fest, dass Sie den Auftrag doch nicht wie zunächst angeboten erfüllen können, teilen Sie das dem Kunden einfach mit und machen gegebenenfalls ein neues, jetzt passendes Angebot. Der Kunde kann Ihnen gegenüber dann nicht auf der Erfüllung des ersten Angebots bestehen.

Aber Vorsicht: Wenn Ihr Kunde auf Ihr unverbindliches Angebot hin bestellt, müssen Sie ausdrücklich erklären, dass Sie doch keinen Vertrag schließen wollen. Wenn Sie einfach nicht antworten, wird das als Zustimmung gewertet und der Vertrag ist doch zustandegekommen.

Mein Tipp: Wenn Sie vermeiden wollen, dass ein Kunde sich erst nach Wochen oder Monaten für Ihr Angebot entscheidet und sich dann auf die damals gemachten Angaben beruft, sollten Sie die Gültigkeit des Angebots befristen. Das erzeugt zusätzlich einen gewissen Handlungsdruck für den Kunden – und der kann ja nicht schaden.

„Selbstbelieferung vorbehalten" Mit diesem Hinweis können Sie sich absichern, wenn Sie für die Ausführung eines Auftrags selbst auf die rechtzeitige und richtige Lieferung von Waren angewiesen sind. Sollten Ihre Lieferanten Sie im Stich lassen, können Sie dann einfach vom Vertrag zurücktreten, ohne dass Ihr Kunde Sie deswegen belangen kann.

„Solange der Vorrat reicht" Nicht jede Ware können Sie in beliebiger Menge zu einem bestimmten Preis beschaffen. In diesem Fall versehen Sie Ihr Angebot mit dem Zusatz „solange der Vorrat reicht". Wenn die vorrätige Menge abverkauft ist, kann Sie niemand mehr auf Ihr Angebot festnageln. Allerdings darf der Vorrat nicht zu klein sein. Wenigstens für ein paar Tage sollte er reichen, sonst gilt diese Formulierung als so genanntes Lockvogelangebot und damit als unlauterer Wettbewerb.

„Kostenschätzung" Oft können Sie im Voraus gar nicht genau absehen, wie aufwändig und damit teuer eine bestimmte Leistung sein wird. Das gilt besonders bei Werk- und Dienstverträgen, etwa bei Handwerker- oder Beratungsleistungen. Dann formulieren Sie Ihr Angebot eben als „Kostenschätzung".

Wie der Name schon sagt: Eine Schätzung enthält keine konkreten abschließenden Zahlen und gilt daher nicht als bindend. Sie sollten, um Missverständnisse zu vermeiden, allerdings ausdrücklich darauf hinweisen, dass es sich um eine unverbindliche Kostenschätzung und eben nicht um ein verbindliches Angebot handelt. Sobald Sie bei der Ausführung der Leistung merken, dass es teurer wird als geschätzt, müssen Sie Ihren Kunden informieren; andernfalls muss er Ihnen die Mehrkosten nicht bezahlen.

„Kostenanschlag", auch: „Kostenvoranschlag" Ein Kostenvoranschlag unterscheidet sich von einem normalen Angebot durch die detaillierte Aufstellung der zu erwartenden Kosten. Im Gegensatz zur Kostenschätzung sind Sie an einen Kostenvoranschlag rechtlich gebunden (§ 650 BGB). Ihre tatsächliche Endrechnung darf höchstens 15 bis 20 Prozent, nur in Ausnahmefällen bis zu 25 Prozent, vom Kostenvoranschlag abweichen. Wird es teurer, müssen Sie das dem Kunden sofort mitteilen. Ihr Kunde darf dann den Vertrag kündigen und muss nur für den Teil der Leistung zahlen, den Sie bis zum Kündigungszeitpunkt fertiggestellt haben.

Wenn bereits die Erstellung eines Kostenvoranschlags für Sie sehr aufwändig ist, können Sie mit dem Kunden vereinbaren, dass er Ihnen den Kostenvoranschlag extra bezahlt. Üblich ist das beispielsweise bei Architekten. Einen Anreiz, Ihnen den Auftrag zu erteilen, setzen Sie, wenn Sie anbieten, die Gebühr für den Kostenvoranschlag mit dem Kaufpreis zu verrechnen.

„Festpreis/Pauschalpreis" Das ist die kundenfreundlichste Variante für Werk- und Dienstverträge: Sie legen möglichst genau fest, was Sie für einen bestimmten fixen Preis liefern bzw. leisten. Ihr Kunde weiß also genau, wie hoch die Rechnung werden wird. Daran sind Sie gebunden.

Für Sie ist das ein Risiko: Wird die Sache aufwändiger und kostspieliger als gedacht, können Sie trotzdem nicht mehr als die vereinbarte Pauschale verlangen. Pauschalpreise nachträglich anzupassen ist nur in seltenen Ausnahmefällen möglich: wenn es erheblich teurer wird als geplant und das für Sie völlig unvorhersehbar war.

Worauf Sie bei der Formulierung Ihres Angebots sonst noch achten sollten

Ein Angebot erstellen Sie normalerweise auf den Wunsch eines Kunden hin. Das heißt, Sie schreiben es, wenn ein potenzieller Kunde bereits Interesse an Ihrer Leistung geäußert, sich vielleicht mit Ihnen über seine Bedürfnisse und Wünsche unterhalten und Sie um eine schriftliche Zusammenfassung gebeten hat. Ihr Angebot ist für Ihren Kunden eine Entscheidungsgrundlage: Stimmen Preis, Leistung und Termin? Kann er Ihnen vertrauen? Sind Sie der richtige Geschäftspartner für ihn? Beantwortet er diese Fragen mit „ja", bekommen Sie den Auftrag.

Preis, Leistung und Termin sind die harten Fakten. Die müssen passen. Und wenn Ihr Kunde mehrere Angebote einholt und mehrere von den Fakten her passen? Dann entscheidet er sich für den Anbieter, der ihm am sympathischsten und vertrauenswürdigsten erscheint. Ob Sie derjenige sind?

Sie können zumindest die Wahrscheinlichkeit dafür steigern, wenn Sie nicht nur auf die harten Fakten, sondern auch auf die weichen Faktoren achten:

- Gestalten Sie Ihr Angebot äußerlich ansprechend, übersichtlich und gut strukturiert sowie formal perfekt. Bei umfangreicheren Unterlagen sollten Sie eine Präsentationsmappe (natürlich in Ihrem Corporate Design) zusammenstellen.
- Zeigen Sie Ihre Fachkompetenz, indem Sie Ihr Angebot genau auf die Wünsche und Bedürfnisse Ihres Kunden zuschneiden.
- Überlassen Sie das Formulieren nicht allein Ihrem Warenwirtschaftsprogramm! Beschreiben Sie nicht nur die technischen Details, sondern auch den Nutzen, den Ihr Kunde davon hat (mehr zur nutzenorientierten Kommunikation lesen Sie auf Seite 26 ff).
- Nennen Sie, wo es passt, Gründe dafür, warum der Kunde sich für Sie entscheiden sollte, etwa besondere Qualifikationen oder Erfahrungen im fraglichen Bereich oder auch Referenzprojekte.
- Verzichten Sie gegenüber Privatkunden auf technische Fachbegriffe und Juristendeutsch. Viele „Normalkunden" können mit Angaben wie *„10 Tage netto Kasse"* nichts anfangen. Schreiben Sie lieber einfach und deutlich: *„Bitte überweisen Sie den Rechnungsbetrag ohne Abzüge bis zum …"*

Das gehört in ein Angebot

- ☐ Datum und Nummer des Angebots (Letztere brauchen Sie, wenn Sie sehr viele Angebote verschicken)
- ☐ Dank für die Anfrage/das Vertrauen/das Interesse
- ☐ genaue Beschreibung der fraglichen Ware/Leistung nach Menge, Art und Preis
- ☐ Termine bzw. Fristen zur Lieferung/Leistungserstellung
- ☐ Hinweis auf die Art des Angebots (Kostenschätzung, Kostenanschlag, Pauschalpreis ...)
- ☐ Hinweis auf die zeitliche Gültigkeit des Angebots
- ☐ sonstige organisatorische Hinweise (Abwicklung, Leistungsdaten/-termine)
- ☐ gegebenenfalls Zahlungsmodalitäten (Voraussetzung von Vorauskasse bzw. Anzahlungen/Abschlagszahlungen, Zahlungsfristen, Skonto)
- ☐ Verweis auf beigelegte AGB
- ☐ Namen und Kontaktdaten des Ansprechpartners
- ☐ Hinweis auf die Möglichkeiten zur Annahme des Angebots

Gut zu wissen

Was sind Allgemeine Geschäftsbedingungen (AGB)?

Wenn Sie für mehrere Kunden arbeiten, wäre es viel zu aufwändig, bei jedem Vertrag das ganze „Kleingedruckte" von A bis Z auszuhandeln. Zu klären wären jeweils neue Fragen wie: Binnen welcher Fristen liefern Sie? Was kostet das? Wohin liefern Sie? Gibt es Mindestbestellwerte? Welche Zahlungsmöglichkeiten hat Ihr Kunde? Welche Garantien bieten Sie? Wie ist zu verfahren, wenn ein Kunde mit der Leistung bzw. Lieferung nicht zufrieden ist?

Um umständliche Verhandlungen zu vermeiden, können Sie all diese Einzelheiten schriftlich zu Ihren „Allgemeinen Geschäftsbedingungen" zusammenfassen. Obwohl Sie die AGB damit einseitig festgelegt und nicht einvernehmlich ausgehandelt haben, werden sie Bestandteil des Kauf- oder Werkvertrages – unter zwei Bedingungen: Erstens müssen sie den gesetzlichen Anforderungen entsprechen und dürfen Ihre Kunden nicht unbillig benachteiligen. Zweitens müssen Ihre Kunden sie vor Vertragsschluss lesen und verstehen können. Sie müssen also dafür sorgen, dass Ihr Kunde bereits mit Ihrem Angebot von Ihren AGB erfährt. Bei einem schriftlichen Angebot sollten Sie sie daher auf der Rückseite des Schreibens abdrucken (in gut lesbarer Schriftart, -farbe und -größe) oder sie extra beilegen und im Angebot selbst darauf verweisen. Bei E-Mail-Angeboten können Sie die AGB als Anhang oder als Link mitschicken und im Text darauf verweisen.

Mein Rat: Da das AGB-Recht extrem kompliziert ist, sollten Sie Ihre Allgemeinen Geschäftsbedingungen nicht selbst formulieren, sondern einen Juristen damit beauftragen. Das kostet zwar zunächst etwas, kann Ihnen aber eine Menge Geld sparen, falls es doch einmal zum Streit kommen sollte.

Muster-Angebote

1. Beispiel für ein Angebot mit Kostenschätzung

Angebot zur Erstellung Ihrer Website www.firma-xy.de

Sehr geehrter Herr Breiner,

nochmals danke für das nette Gespräch gestern in Ihrem Hause. Gerne biete ich Ihnen wie besprochen an:

Installation CMS-System Joomla	pauschal	299,00 €
Installation CMS-System Joomla 3 Modulerweiterungen	je 59 €	177,00 €
Webprogrammierung 10 Stunden	je 65 €	650,00 €
Gesamtbetrag		1.126,00 €
+ 19 % MwSt.		213,94 €
Bruttobetrag		1.339,94 €

Bitte beachten Sie: Der angesetzte Aufwand von 10 Stunden ergibt sich aus einer vorläufigen Schätzung, die ich nach unserem Gespräch erstellt habe. Erfahrungsgemäß ergibt sich im Laufe der Arbeiten häufig noch der ein oder andere zusätzliche Anpassungsbedarf, so dass der Programmieraufwand steigt. Selbstverständlich werde ich Sie sofort informieren, sobald absehbar ist, dass ich 10 Stunden überschreite.

Wenn Sie mir den Auftrag zur Website-Programmierung verbindlich erteilen möchten, füllen Sie bitte das umseitige Formular aus und senden Sie es an die Fax-Nr. 012345 67890-99.

Mit freundlichen Grüßen

Sandrine Lauterbach

2. Beispiel für ein Angebot mit Kostenvoranschlag

Aktualisierung Ihres Werbematerials zur XY-Messe
Unser Angebot Nr. 04231

Sehr geehrter Herr Dr. Hofmann,

vielen Dank für Ihre E-Mail-Anfrage vom 4. August. Gerne bieten wir Ihnen die gewünschte Aktualisierung Ihrer Werbemaßnahmen zur XY-Messe an:

1. Plakat Veranstaltungsankündigung	1 Std. x 78 €	78,00 €
2. Plakat Gewinnspiel	1 Std. x 78 €	78,00 €
3. Flugblatt, 3 Varianten	2 Std. x 78 €	156,00 €
4. Gewinnspielkarte	0,5 Std. x 78 €	39,00 €
5. Teaser-Anzeige, 2 Varianten	1 Std. x 78 €	78,00 €
6. Projektmanagement für den Auftrag	1 Std. x 78 €	78,00 €
	Gesamt	507,00 €
	+ MwSt 19 %	96,33 €
	Bruttobetrag	**603,33 €**

Nach dem vollständigen Abschluss der Arbeiten stellen wir eine Rechnung, die binnen 14 Tagen zur Zahlung fällig wird. Bitte beachten Sie auch unsere umseitig abgedruckten AGB.

Den Stundenumfang haben wir anhand Ihrer Vorgaben und unter Berücksichtigung folgender Arbeitsschritte kalkuliert: Daten aus Archiv suchen, nach Anweisung ändern, hoch- und niedrigauflösende PDFs rechnen, aufbereiten der Bilder als Download, Daten sammeln und ZIP erstellen.

Wenn Sie uns den Auftrag noch diese Woche erteilen, können wir alle Arbeiten bis 14. August erledigen, so dass die Werbematerialien bis 31. August und damit rechtzeitig vor Messebeginn gedruckt werden können.

Am schnellsten geht es, wenn Sie uns eine E-Mail schicken oder den Abschnitt unten ausfüllen und das Angebot an uns zurückfaxen.

Herzliche Grüße

Petra Mayr

Petra Mayr, Assistentin der Geschäftsleitung
_____

Fax an 098 7654321-11

O Ja, ich erteile den Auftrag wie oben angeboten.
O Nein, ich habe noch Änderungswünsche. Bitte rufen Sie mich an.

Unterschrift _____ Firmenstempel _____

3. Beispiel für ein Angebot mit Pauschalpreisen

**Wie versprochen –
hier ist mein Angebot für Ihre Tourismus-Broschüre**

Hallo, liebe Frau Karadag,

danke für Ihre Faxe mit den Mustertexten. Jetzt kann ich mir ein recht gutes Bild machen, welcher Arbeitsaufwand voraussichtlich erforderlich ist. Konkret biete ich Ihnen an:

Neuerstellung Broschürentexte (inkl. Recherche)   148,00 Euro/Seite

Überarbeitung und Korrektur vorhandener Texte   19,00 Euro/Seite

Bei einem Textvolumen von 42 Seiten ergibt das einen Gesamtpreis von 6.216 Euro. Dazu kommt die Überarbeitung vorhandener Texte je nach Seitenzahl. Der Gesamtpreis versteht sich zuzüglich 19 % Mehrwertsteuer.

Mein Angebot ist gültig bis zum 31. März 2010. Ich hoffe, es entspricht Ihren Vorstellungen. Ich würde mich freuen, bald wieder für Ihre Agentur tätig zu sein. Jetzt drücke ich aber erst einmal die Daumen, dass Sie den Auftrag für die Gestaltung der Tourismusbroschüre bekommen!

Mit herzlichen Grüßen ins schöne Rheinland

Marie Liebig

4. Beispiel für ein Begleitschreiben zum eigentlichen Angebot

Angebot über eine Großflächen-Solaranlage

Sehr geehrter Herr Feldmann,

wie gestern bei meinem Besuch in Ihrem Haus besprochen, sende ich Ihnen hier das detaillierte Angebot über die Solaranlage für das Dach Ihres Geschäftsgebäudes in der Justus-von-Liebig-Straße.

Wie Sie der Aufstellung entnehmen können, beträgt der Gesamtpreis 20.800 Euro zuzüglich 19 % Mehrwertsteuer. Darin ist bereits eine Pauschale von 3.000 Euro (netto) für die Montage der gesamten Anlage enthalten. Wir bleiben also deutlich unter der von Ihnen genannten Obergrenze von 25.000 Euro.

Da wir im Moment bereits an zwei Objekten ähnlicher Größenordnung arbeiten, könnten wir Ihren Auftrag erst Anfang September einplanen. Beachten Sie bitte, dass wir wegen der erforderlichen Vorbereitungen frühestens 14 Tage nach Auftragserteilung tätig werden können.

Falls Sie vor Ihrer endgültigen Entscheidung ein Referenzobjekt besichtigen möchten: Ganz in Ihrer Nähe, bei der Firma Kunststoff Schmied in der Otto-Meisner-Straße 29, haben wir letztes Jahr eine vergleichbare Anlage aufgebaut.

An das Angebot binden wir uns für vier Wochen ab heute. Im Übrigen gilt die VOB, Teil B, in der jeweils gültigen Fassung.

Haben Sie noch Fragen? Dann zögern Sie bitte nicht, mich anzurufen.

Mit freundlichen Grüßen

Michael Merten

Auftragsbestätigungen

Auftragsbestätigungen müssen Sie nicht unbedingt schreiben. Rechtlich reicht es ja, wenn ein Angebot und dessen Annahme vorliegen. Dennoch sollten Sie insbesondere bei neuen Kunden und größeren Aufträgen schriftlich bestätigen, was vereinbart wurde. Damit können Sie Missverständnisse vermeiden und schaffen für beide Seiten mehr Rechtssicherheit, weil das Besprochene Schwarz auf Weiß vorliegt. Deswegen sollten Sie mindestens die Menge und Art der Waren bzw. Leistungen, Preise, Konditionen und Termine detailliert und unmissverständlich festhalten.

Dabei sind Sie formal sehr frei. Es gibt keine Regelung dafür, was in einer Auftragsbestätigung stehen muss. Sie muss nicht einmal „Auftragsbestätigung" heißen, sondern kann beispielsweise auch unter dem Namen „Buchungsbestätigung" oder „Anmeldebestätigung" firmieren.

Kundenorientierung drückt sich bei Auftragsbestätigungen auf zwei Arten aus: Zum einen, indem Sie klar und übersichtlich genau das festhalten, was vereinbart wurde, damit sich Ihr Kunde leicht zurechtfindet. Zum anderen, indem Sie das psychologische Moment berücksichtigen. Insbesondere Privatkunden (aber nicht nur die) fühlen sich nach einer Kaufentscheidung oft unsicher: War das die richtige Wahl? Haben sie mit Ihnen den richtigen Anbieter gewählt? Hätten sie nicht doch ...?

Mit dieser Unsicherheit sollten Sie Ihre Kunden nicht allein lassen. Eine klug formulierte Auftragsbestätigung kann auf sie ungemein beruhigend wirken. Etwa wenn sie noch einmal betont, wie gut die getroffene Wahl ist und wie kompetent und zuverlässig Sie als Anbieter sind. Spätestens jetzt ist Ihnen sicher klar geworden, dass Sie die Formulierung Ihrer „ABs" nicht blind dem Warenwirtschaftssystem überlassen dürfen. Wenigstens ein paar verbindliche Sätze sollten Sie händisch einfügen, durch die sich Ihr Schreiben von der unpersönlichen Masse abhebt.

Sie müssen Auftragsbestätigungen übrigens nicht als Brief verschicken, sondern können sie problemlos auch faxen oder mailen. Bei den beiden letzteren Übertragungswegen ist es im Streitfall allerdings schwieriger für Sie, zu beweisen, dass Sie sie tatsächlich versandt haben bzw. Ihr Kunde sie tatsächlich bekommen hat. Wenn Sie 100 Prozent Absicherung wollen, sollten Sie sich die „AB" daher vom Kunden unterschreiben und zurückfaxen lassen. Rechtlich erforderlich ist diese Bestätigung der Bestätigung aber nur, wenn Sie etwas anderes bestätigen als vorher vereinbart war (etwa weil sich die Lieferzeiten nachträglich verzögert haben). Dann ist Ihre „Auftragsbestätigung" eigentlich wieder ein neues Angebot, das Ihr Kunde neu annehmen muss ...

Check-Box

Das gehört in eine Auftragsbestätigung

- ☐ Dank für den Auftrag
- ☐ genaue Beschreibung von Art und Menge der Waren bzw. Leistungen
- ☐ Einzelpreise und Gesamtpreis
- ☐ Liefertermine, Konditionen und andere organisatorische Details
- ☐ Zahlungsfristen
- ☐ evtl. Verweis auf AGB (Bei Privatkunden muss dieser spätestens im Angebot enthalten sein. Bei Firmenkunden können Sie den Verweis auf die AGB noch in der Auftragsbestätigung rechtswirksam nachholen, wenn Sie sie im vollen Wortlaut mitschicken und sie nicht dem widersprechen, was vorher vereinbart wurde.)
- ☐ Name und Durchwahl eines Ansprechpartners
- ☐ Versicherung, die richtige Wahl getroffen zu haben
- ☐ gegebenenfalls Bitte um Bestätigung (unbedingt erforderlich, wenn Sie etwas anderes bestätigt haben als vorher besprochen war)

Muster-Auftragsbestätigungen

1. Beispiel für eine Auftragsbestätigung an einen Privatkunden

Auftragsnummer	Datum	Kundenbetreuer/in	Kundennummer
012345	10.11.200X	Heidi Gallini	112233

Sehr geehrte Frau van den Beck,

herzlichen Dank für Ihren Anruf heute Morgen. Wir bestätigen Ihnen wie besprochen die Bestellung folgender Artikel:

Menge	Artikel	Preis/€	Gesamt/€
2	Lattenroste „Komfort X3" 100/200cm	249,00	498,00
2	Kaltschaum-Matratzen „Honeymoon" 100/200 cm	469,00	938,00
		Gesamtbetrag	**1.436,00**

Alle Preise beinhalten die gesetzliche Mehrwertsteuer von 19 % und Lieferung frei Haus, zahlbar binnen 30 Tagen nach der Lieferung.

Sie haben sich für eine hochwertige Bettausstattung entschieden, über die sich schon viele unserer Kunden begeistert geäußert haben. Wir bemühen uns um eine schnelle Lieferung in den nächsten 14 Tagen, damit Sie schon bald den ganz neuen Schlafkomfort genießen können.

Herzliche Grüße

Heidi Gallini

2. E-Mail-Buchungsbestätigung an einen Privatkunden

An: Josef.Keller@billigmail.de
CC:
Betreff: Ihr Pomonahof-Herren-Special am 19.09.200X

Guten Morgen Herr Keller,

schön, dass Sie sich für unseren Wellness-Verwöhntag speziell für Männer entschieden haben. Gerne bestätigen wir Ihnen Ihre Buchung für Samstag, den 19. September 200X, zum Paketpreis von 98 Euro. Wir werden diesen Betrag in den nächsten Tagen von Ihrem Konto abbuchen.

Den genauen Ablauf des Herren-Special-Tages sowie die Beschreibung der einzelnen Behandlungen können Sie im beiliegenden Flyer nochmals nachlesen.

Wir freuen uns darauf, Sie am 19. September ab 8.30 Uhr zu einem fruchtigen Begrüßungsdrink empfangen zu dürfen, bevor unser Yoga-Lehrer Martin Gedeck Sie in die Geheimnisse der energetischen Balance einführt.

Sie werden sehen: Nach diesem Tag fühlen Sie sich rundum wohl und entspannt!

Mit freundlichen Grüßen

Manfred Gulden
Geschäftsführer Pomonahof

3. Beispiel für eine Auftragsbestätigung an einen Stammkunden

Auftragsbestätigung Nr. 208802

Ihre Kundennummer:	111222
Ihre Bestellung vom:	25.08.200X (telefonisch Herr Taskin)
Lieferzeit:	ca. 5 Wochen
Lieferbedingungen:	frei Haus, einschließlich Verpackung

Sehr geehrter Herr Taskin,

vielen Dank für Ihren Auftrag. Wir freuen uns, wieder für Sie tätig zu werden, und bestätigen Ihnen gerne Ihre Bestellung:

Menge	Artikel	Einzelpreis	Gesamtpreis
5.000 St.	PE-Seitenfaltenbeutel 750 + 150 x 1270 x 0,050 mm transparent, unbedruckt Art. Nr. 998877	219,00 €	1.095,00 €
	Warenwert		1.095,00 €
	MwSt. 19 %		208,05 €
	Warenwert brutto		1.303,00 €

Zahlungsbedingungen:
2 % Skonto bei Zahlung binnen 10 Tagen, 30 Tage netto Kasse.
Ansonsten gelten wie immer unsere AGB, die Ihnen bereits vorliegen.

Mit freundlichen Grüßen

Irene Winterhüter

Assistentin der Geschäftsleitung

4. Beispiel für eine Auftragsbestätigung an einen Geschäftskunden, mit inhaltlicher Änderung gegenüber dem Angebot/dem mündlich Besprochenen

---

Auftragsbestätigung 0012/10

Fassaden-Renovierung an der Nordseite Ihres Firmengebäudes

Sehr geehrte Frau Himmel, sehr geehrter Herr Himmel,

wir freuen uns über Ihren Auftrag und bestätigen wie besprochen:

		Einzelpreis	Gesamtpreis
90 qm	Gerüststellung inkl. An- und Abfuhr	4,49 €	404,10 €
75 qm	Fassadenflächen mit Hochdruckreiniger waschen	1,19 €	89,25 €
75 qm	Fassadenanstrich mit Hydrogrund und Fassadenfarbe blau B23	8,99 €	674,25 €
1 Std.	Abdeckarbeiten (Fenster, Simse, Pflaster)	58,00 €	58,00 €
Nettosumme			1.225.60 €
Umsatzsteuer 19 %			232,86 €
Gesamtsumme			1.458,46 €

Bitte beachten Sie: Da für nächste Woche stürmisches Wetter angekündigt wurde, können wir die Fassadenrenovierung nicht wie vereinbart am 4./5. März durchführen. Wir planen die Arbeiten stattdessen in KW 11 ein (voraussichtlich Montag/Dienstag). Bitte geben Sie uns Bescheid, ob das für Sie in Ordnung ist.

Ja, mit der Verschiebung des Liefertermins auf die KW 11 bin ich einverstanden.

.... Bitte faxen an: 009988 776655-12
Datum /Unterschrift

Dankschreiben

„Danke" kann man im zwischenmenschlichen Umgang gar nicht oft genug sagen – das bringen wir schon unseren kleinen Kindern bei. Umso wichtiger ist es für Sie im Umgang mit Ihren Kunden, sich höflich zu zeigen und für Einladungen, Gefälligkeiten, Informationen und andere nicht selbstverständliche Dinge zu danken.

Natürlich können Sie das oft im Rahmen eines Telefonats oder persönlichen Gesprächs tun. Wenn Sie ohnehin gerade mit Ihrem Kunden im E-Mail-Kontakt stehen, können Sie Ihren Dank auch elektronisch übermitteln. Besonderes Gewicht erhält er aber erst, wenn Sie ihn schriftlich formulieren. Ganz besonders wertschätzend wirkt ein handgeschriebener Brief bzw. eine Karte – vorausgesetzt, Ihre Handschrift ist einigermaßen lesbar.

Check-Box

Das gehört in ein Dankschreiben

- ☐ Nennung des konkreten Grundes für das Schreiben
- ☐ möglichst persönlich formulierter Dank
- ☐ gegebenenfalls ein Hinweis auf ein kleines Dankesgeschenk (bei Firmenkunden sollten Sie von großen Geschenken absehen – sie könnten als Bestechungsversuch ausgelegt werden)
- ☐ gegebenenfalls die Ankündigung von Konsequenzen aus dem Anlass, für den gedankt wird
- ☐ eventuell gute Wünsche für die Zukunft

Muster-Dankschreiben

1. E-Mail an einen Kunden, der Sie (ebenfalls per E-Mail) auf einen Fehler in Ihrer Rechnung aufmerksam gemacht hat

---

An: friedhelm.himmel@firmaxy.de
CC:
Betreff: Falsche Rechnung – vielen Dank für Ihre Aufmerksamkeit!

Sehr geehrter Herr Himmel,

gerade habe ich nachgesehen, und Sie haben natürlich Recht: Ich habe tatsächlich den Posten „Gerüststellung" auf meiner Rechnung für die Fassadenrenovierung vergessen.

Ich bin froh, dass Sie so aufmerksam waren, das sofort zu bemerken und mich zu benachrichtigen. Herzlichen Dank dafür!

Ich werde die Rechnung gleich korrigieren und unter derselben Rechnungsnummer an Sie schicken.

Freundliche Grüße

Peter Hunegger

Hunegger & Co Die Malermeister

2. Brief an eine Kundin, die eine Empfehlung ausgesprochen hatte

---

Liebe Frau Bahadir,

heute hat Frau Karin Sommer uns den Auftrag für die komplette IT-Ausstattung ihres Unternehmens gegeben. Sie hat sich dabei ausdrücklich auf Sie berufen und betont, dass Ihre Referenz ausschlaggebend dafür war, sich an uns zu wenden.

Vielen Dank für diese liebenswürdige Empfehlung! Ich freue mich sehr darüber, dass Sie als Kundin mit uns so zufrieden sind, dass Sie uns an befreundete Unternehmen weiterempfehlen. Wir arbeiten sehr gerne für Sie und werden auch zukünftig unser Bestes geben, um Sie zufriedenzustellen.

Herzliche Grüße

Jens Schröder

Geschäftsführer

Anmerkung: Ein Dankschreiben ist kein Geschäftsbrief im eigentlichen Sinne. Deshalb sollten Sie weder einen Betreff setzen, noch *„Mit freundlichen Grüßen"* enden. Das wäre zu „geschäftsmäßig" und unpersönlich.

3. Handgeschriebene Karte an einen Kunden mit Dank für langjährige Treue, verschickt mit einer Flasche Champagner

Lieber Herr Dr. Mahnefeld,

in den letzten Wochen haben wir unser Hausarchiv auf den Kopf gestellt, weil wir uns für unser 50-jähriges Firmenjubiläum rüsten wollen. Dabei habe ich auch alte Terminbücher gefunden und darin geblättert.

Dort bin ich auf die Tatsache gestoßen, wegen der ich Ihnen schreibe: Wir kennen uns schon lange, und ich freue mich, dass ich Sie Monat für Monat in unserem Salon begrüßen darf. Aber mir war nicht klar, dass ich das schon seit 25 Jahren tue!

Hätten Sie es noch gewusst? Zum ersten Mal waren Sie am 4. November 1985 bei uns. Wir haben diesen November also ein ganz besonderes Jubiläum zu feiern!

Es ist mir ein Anliegen, Ihnen für diese Treue zu unserem Haus zu danken. Bitte akzeptieren Sie den Champagner als kleines, aber von Herzen kommendes Dankeschön.

Ihr   Fritz Wolter

Einladungen

Manchmal möchten Sie Kunden zu Veranstaltungen einladen. Vielleicht, weil Sie diese für Werbung und Verkauf nutzen wollen, wie etwa bei Messen, einem Tag der offenen Tür oder einer Filialeröffnung. Oder es gibt einen besonderen Anlass, den Sie mit Ihren Kunden gemeinsam feiern möchten, um ihnen zu danken und/oder die Bindung an Ihr Unternehmen zu stärken. Beispiele könnten eine Jubiläumsfeier oder ein festlicher Empfang anlässlich einer Preisverleihung an Ihr Unternehmen sein.

Wenn Sie 3.000 Kunden aus Ihrer Datei zu einer Messe einladen, kommt schon wegen der Kosten nur ein Infobrief, eventuell auch eine Einladungs-E-Mail infrage. Ein Fest mit 30 oder 50 ausgewählten Kunden verlangt dagegen nach einer persönlicheren Art der Einladung. Dann sollte es mindestens ein formulierter Brief (kein Infobrief) sein, der mit einer schönen Sondermarke frankiert wird. Besonders repräsentativ sind gedruckte Einladungskarten auf edlem Papier. Handgeschriebene Einladungskarten wirken am persönlichsten.

Check-Box

Das gehört in ein Einladungsschreiben/eine Einladungskarte

- ☐ Anlass der Einladung
- ☐ Art der Veranstaltung
- ☐ Datum, Uhrzeit und Ort der Veranstaltung
- ☐ Vermerk, ob der Adressat allein oder mit Begleitperson(en) eingeladen ist
- ☐ gegebenenfalls Bekleidungsvermerk
- ☐ Bewirtungshinweis
- ☐ gegebenenfalls Hinweis auf Anmelde- bzw. Teilnahmegebühr
- ☐ Bitte um Zu- oder Absage (mit Terminangabe)
- ☐ gegebenenfalls Anfahrtsskizze
- ☐ gegebenenfalls Programm der Veranstaltung mit zeitlichem Ablauf, Nennung der einzelnen Veranstaltungspunkte, Redner usw.

Bekleidungsvermerke

Bei rein geschäftlichen Veranstaltungen wie einem Tag der offenen Tür oder einer Hausmesse brauchen Sie keinen Bekleidungsvermerk. Hier kann jeder kommen, wie er möchte. Bei festlichen Anlässen kann es aber für die Eingeladenen schwierig sein, zu entscheiden, welche Kleidung angemessen ist. Deshalb sollten Sie, auch um Ihren Kunden Peinlichkeiten zu ersparen, darauf hinweisen, welche Art Kleidung Sie für passend halten.

Bekleidungsvermerke werden übrigens immer im Hinblick auf die Kleidung der Herren gegeben. Von den Damen wird erwartet, dass sie daraus ableiten, was für sie angemessen ist.

Überlegen Sie aber gut, wie festlich es wirklich sein muss. Das hängt auch davon ab, wer Ihre Kunden sind. Wenn Sie mit gut betuchten Gästen aus der Hautevolee speisen möchten, freuen diese sich über die Gelegenheit, sich in Smoking und Abendkleid elegant präsentieren zu können. Aber nicht jeder hat die entsprechende Garderobe im Schrank. Auf viele Geschäfts- und die meisten Privatkunden könnte ein Event, für das sie sich teuer neu einkleiden müssten, eher abschreckend wirken.

Gut zu wissen

Das bedeuten die gängigsten Bekleidungsvermerke:

- Dunkler Anzug: Damit legen Sie einen stilvollen Rahmen für die Veranstaltung fest, ohne Ihren Gästen größere Verrenkungen zuzumuten. Einen dunklen (nicht schwarzen!) Anzug hat schließlich jeder Mann daheim. Er sollte ihn unbedingt mit schwarzen Schuhen kombinieren. Für Damen bedeutet das: schicker Hosenanzug oder Kostüm. Bei Festakten, Ehrungen und ähnlichen Veranstaltungen kann es für die Dame auch ein elegantes Etuikleid oder das „kleine Schwarze" sein.

- Smoking: Der Smoking ist festlicher als der dunkle Anzug und wird nur abends getragen. Er passt zu Bällen, Premieren, Dinnerparties. Zum Smoking gehören als Muss ein weißes Hemd, eine schwarze Fliege und schwarze Abendschuhe. Damen tragen ein „kleines" Abendkleid (keine Ballrobe!), das „kleine Schwarze" oder einen festlich-eleganten Hosenanzug.

- Abendkleidung/festliche Kleidung: Dieser Hinweis wird gerne gewählt, weil er nicht so streng ist wie die oben genannten. Genau deswegen lässt er aber größeren Interpretationsspielraum. Manch ein Gast wird ein Jackett oder ein Paillettenoberteil zur Jeans als festlich empfinden, während andere in Smoking und Abendkleid erscheinen.
- Casual: Dieser Begriff stammt aus dem Amerikanischen und meint „gehobene Freizeitkleidung". Ihre männlichen Gäste liegen dann mit Baumwollhosen und Polohemd oder Button-Down-Hemd richtig. Ob ein Jackett dazu erforderlich ist oder nicht, ist Geschmackssache. Für die Dame passt ein lässiger Hosenanzug, Rock mit Bluse, eine Baumwollhose mit Bluse oder eine Cool-Wool-Hose mit Twin-Set. Leider können Sie nicht davon ausgehen, dass alle Gäste wissen, was sich hinter „Casual" verbirgt. Wer es fälschlich mit „Freizeitkleidung" übersetzt, erscheint möglicherweise in Jeans und T-Shirt.
- Business Casual: Das ist eindeutiger und bedeutet für die Herren eine Kombination aus Stoffhose und Jackett, eventuell darf ein Rolli statt eines Hemdes darunter getragen werden. Für die Dame passt dasselbe wie beim Vermerk „Casual".

Bewirtungshinweise

Sie sollten in Einladungsschreiben grundsätzlich darauf hinweisen, ob und in welchem Umfang eine Bewirtung der Gäste vorgesehen ist. Sonst kann es Ihnen passieren, dass das komplette warme Buffet wieder abgeräumt werden muss, weil die Gäste schon satt erschienen sind oder dass umgekehrt Ihre Gäste unkonzentriert und mit knurrenden Mägen auf das Ende der bewirtungslosen Veranstaltung warten, damit sie endlich essen gehen können.

Sie sollten jedoch nicht die (leider häufig zu lesende) Floskel *„Für Ihr leibliches Wohl ist gesorgt."* verwenden. Dieser Hinweis ist zum einen ziemlich abgedroschen. Zum anderen hat er kaum Aussagekraft. Heißt das nun, es gibt ein paar Kekse, oder kann ich mit einem üppigen Menü rechnen?

Mit diesen Formulierungen können Sie beispielsweise auf die Art der Bewirtung hinweisen:

- *Das Buffet wird im Anschluss an den Vortrag eröffnet.*
- *Im Anschluss an die Preisverleihung bitten wir zu einem Empfang mit kaltem Buffet.*
- *Ein kleiner Imbiss ist für Sie vorbereitet.*
- *Unsere Mitarbeiter werden Kuchen für Sie backen und Kaffee servieren – der Erlös aus dem Verkauf ist für die Unterstützung unseres Hilfsprojektes in … bestimmt.*

Übrigens: Getränke sollten Sie immer anbieten, auch wenn es sonst keine Bewirtung (und keinen Hinweis darauf) gibt. Tagsüber sind Wasser und Säfte empfehlenswert, vielleicht noch ein Glas Prosecco oder Weißwein. Abends darf es dann auch Sekt oder Champagner sein.

Bitte um Antwort/Anmeldung

Bei offenen Veranstaltungen wie einem Tag der offenen Tür brauchen Ihre Kunden sich nicht an- oder abzumelden. Sie wollen ja möglichst große Besucherzahlen, da ist es gut, wenn Sie die Hürden für eine – auch spontane – Teilnahme gering halten. Mancher Kunde wird morgens einen Blick aus dem Fenster werfen und sich angesichts eines wolkenverhangenen Himmels kurzfristig entschließen, doch noch bei Ihnen vorbeizuschauen.

Bei exklusiveren Veranstaltungen werden Sie darum bitten, dass der Eingeladene Ihnen rechtzeitig mitteilt, ob er teilnehmen wird oder nicht. Jeder Kunde versteht, dass Sie eine gewisse Planungssicherheit brauchen, wenn es Essen und ein individuelles Programm mit begrenztem Teilnehmerkreis gibt. In der Regel genügt es aber, wenn sich nur diejenigen explizit bei Ihnen melden, die teilnehmen wollen.

Je nach Art und Stil der Einladung können Sie dazu gleich Antwortmöglichkeiten vorsehen, etwa eine vorgedruckte Antwortkarte oder ein Fax-Formular. Extra gedruckte Einladungskarten, persönliche Einladungsbriefe und handschriftliche Einladungen erfordern allerdings eine individuelle schriftliche Ab- oder Zusage.

Formulieren Sie die Bitte um Anmeldung bzw. Zusage möglichst unmissverständlich. Das Kürzel „u. A. w. g." findet sich zwar häufig auf Einladungen, Sie können aber dennoch nicht davon ausgehen, dass es jedem bekannt ist. Auch die häufig verwendete Antwortmöglichkeit *„Ich nehme mit*

... *Personen teil"* ist missverständlich. Gemeint dürfte meist die Gesamtzahl der Teilnehmer sein, verstehen kann man aber auch „ich und ... weitere Personen". Eindeutige Formulierungen sind z. B.

- *Um Antwort wird gebeten bis ...*
- *Bitte teilen Sie uns mit dem umseitig aufgedruckten Faxformular bis zum ... mit, ob Sie zu unserem Vortragsabend kommen werden und wie viele Plätze wir für Sie reservieren dürfen.*
- *Bitte teilen Sie uns mit, ob wir mit Ihrer Teilnahme an der Preisverleihung und dem anschließenden Empfang rechnen dürfen:*
  ( ) Ich komme zur Preisverleihung.
  ( ) mit ( ) ohne Begleitung
  ( ) Ich komme zum Empfang.
  ( ) mit ( ) ohne Begleitung

Muster-Einladungen

1. Einladung zum Firmenjubiläum

75 Jahre Autohaus Kramer – feiern Sie mit!

Liebe Frau Görling,

wir sind stolz und voller Freude, dass wir dieses Jahr einen „runden" Geburtstag begehen können: Im August 1934 gründete mein Großvater, Wilhelm Kramer, das erste Autohaus in unserer Region. In diesem Jahr wird sein und unser Unternehmen 75 Jahre alt.

Das möchten wir gerne mit Ihnen feiern und laden Sie und Ihre Familie herzlich zu unserem Jubiläumsfest ein, das am

28. und 29. August von 10.00 bis 19.00 Uhr
in unseren Geschäftsräumen in der Carl-Benz-Straße 9

stattfindet. Wir haben eine kleine Ausstellung vorbereitet, die anhand von Fotografien und Zeitungsberichten die Geschichte unseres Autohauses dokumentieren wird. Zu einem richtigen Fest gehören natürlich Essen und Musik: Die Metzgerei Schön wird Sie ab 11.30 Uhr mit Grillspezialitäten verwöhnen und die Akkordeongruppe Neustadt dazu munter aufspielen.

Damit auch für die Kleinen der Spaß nicht zu kurz kommt, haben wir eine lustige Autohaus-Rallye organisiert, die für Kinder (und Eltern!) lehrreich und unterhaltsam ist. Den erfolgreichen „Rallye-Fahrern" winken schöne Sachpreise.

Auf eine fröhliche Jubiläumsfeier mit Ihnen freuen sich

Mike Kramer

und das gesamte Autohaus-Kramer-Team

2. Einladung zur Neueröffnung nach einem Umzug

**Trinken Sie mit uns ein Glas Sekt
auf unsere Neueröffnung**

Sehr geehrte Frau Zimmermann,

drei Jahre gibt es unser „PC-Paradies" jetzt schon – das haben wir auch Ihnen als treuer Kundin zu verdanken! Da unser Geschäft an unserem bisherigen Standort aus allen Nähten platzt, finden Sie uns ab Oktober in neuen, größeren Räumen: in der gleichen Passage, aber auf der gegenüberliegenden Seite (ehemals Optik Guckmal).

Dort werden Sie sehen, warum sich unser Umzug auch für Sie gelohnt hat: Das neue „PC-Paradies" ist nicht nur größer, sondern auch komplett renoviert und damit viel schöner als das alte. Um Ihnen schon einmal zu zeigen, wie angenehm das Einkaufen zukünftig bei uns sein wird, laden wir Sie herzlich zum Eröffnungsempfang in unseren neuen Räumlichkeiten ein.

Wann?   am Samstag, den 10. Oktober, ab 10.00 Uhr
Wo?   im neuen „PC-Paradies" in der Helga-Berger-Straße 3,
        12345 Hugenberg

Bei einem Gläschen Sekt und köstlichen Törtchen der Konditorei Feinschmecker erwartet Sie eine Führung durch unsere neuen Räume. Wir freuen uns auf Sie und sind sehr gespannt, was Sie zum neuen „PC Paradies" sagen werden.

Ihr PC-Paradies-Team

Frank Fahrenholz und Joe Immler

PS: Bringen Sie diese Einladung mit zu unserem Neueröffnungsempfang – wenn Sie sie vorzeigen, erhalten Sie am Eröffnungstag 20 Prozent Rabatt auf alle Artikel.

3. Einladung zu einem Festakt anlässlich der Eröffnung eines neuen Geschäftsgebäudes; Einladungskarte

Einladung

Wir freuen uns sehr, Sie zu einem

Festakt

anlässlich der Einweihung unseres neuen Geschäftsgebäudes einladen zu dürfen:
am 16. Oktober 2009
um 14 Uhr
bei der MIROMAX GmbH
in der Marie-Curie-Straße 12
12345 Großstadt

Marieluise Hohendorf
Geschäftsführerin

Programm

14 Uhr Musik

Begrüßung durch
Marieluise Hohendorf

Festansprache

Die MIROMAX GmbH
von der Gründung bis heute
Heinz Hohendorf sen.

15.30 Uhr

Pause mit Kaffeespezialitäten

16 Uhr bis 18 Uhr
Führungen durch das
neue Gebäude

Gratulationen

Über Glückwünsche zu besonderen Anlässen freut sich eigentlich jeder. Auch Ihre Kunden. Sie sind nicht unbedingt notwendig, aber gerade das nicht Notwendige trägt entscheidend dazu bei, Beziehungen zu festigen. Das gilt im geschäftlichen wie im privaten Bereich. Anlässe gibt es genug: etwa Geburtstage, Hochzeiten, Geburten, aber auch z. B. Beförderungen, Auszeichnungen oder Jubiläen.

Glückwünsche sind etwas Besonderes, ein Zeichen Ihrer Wertschätzung. Und das Wertvollste, das wir heute zu geben haben, ist Zeit. Deswegen sollten Sie Gratulationen nicht als lieblose Standardware mit vorgedruckter Karte und sogar noch ohne Unterschrift verschicken. Stilvoll gratulieren Sie auf einer Klappkarte mit passendem Briefumschlag, auf edlem Briefpapier oder auf einem Repräsentationsbogen. Das ist ein Firmen-Briefpapier ohne die Pflichtangaben für Geschäftsbriefe.

Am besten, Sie schreiben die Gratulation komplett von Hand. Wenn Sie einen Repräsentationsbogen verwenden, fügen Sie die Anrede und die Unterschrift mit einem Füller (am besten mit blauer Tinte) ein. Auch die Empfängeradresse auf dem Briefumschlag sollten Sie von Hand schreiben; ein Adressaufkleber wäre hier deplatziert. Das Tüpfelchen auf dem i bzw. auf dem Briefumschlag ist eine schöne Sondermarke. Glückwunschpost sollte nicht durch den Freistempler laufen.

Check-Box

Das gehört in ein Gratulationsschreiben

- ☐ die Nennung des konkreten Anlasses und seiner Bedeutung
- ☐ gegebenenfalls die Würdigung der Verdienste und Leistungen des Empfängers
- ☐ Anteilnahme am Erfolg bzw. Wertschätzung der persönlichen Beziehungen
- ☐ gute Wünsche für die Zukunft

Eine hübsche Idee, die Sie auch für andere persönlichere Schreiben verwenden können, ist es, dem Text ein Zitat voranzustellen, auf das Sie im weiteren Schreiben Bezug nehmen.

Tipp
Passende Zitate finden Sie in einem Zitatenlexikon oder im Internet beispielsweise unter den Web-Adressen
www.zitate.de
www.aphorismen.de
www.wikiquote.org

Muster-Gratulationen

1. Gratulation an einen Geschäftskunden, der sein 20-jähriges Firmenjubiläum feiert (Repräsentationsbogen)

**Ein Geschäft eröffnen ist leicht;
schwer ist es, es geöffnet zu halten.**
(Chinesisches Sprichwort)

Sehr geehrter Herr Knoll,

20 Jahre ist es nun her, dass Sie Ihr Geschäft gegründet haben – Sie haben längst mit Bravour bewiesen, dass Sie es verstehen, es geöffnet zu halten. Das ist heute keine Selbstverständlichkeit, sondern eine unternehmerische Leistung, die Sie Ihrem Gespür für Ihre Kunden, Ihrem Fleiß und Ihrer Bereitschaft zum ständigen Wandel verdanken.

Wir freuen uns über Ihr 20-jähriges Firmenjubiläum, zu dem wir Ihnen ganz herzlich gratulieren. Besonders freut es uns, dass wir Sie als Werbepartner weiterhin unterstützen dürfen.

Und natürlich wünschen wir Ihnen alles Gute für die Zukunft. Möge die Knoll Elektronik GmbH auch in den nächsten 20 Jahren erfolgreich sein und weiterhin wachsen!

Ihre
Margit Mederer

2. Gratulation zum „runden" Geburtstag einer Kundin, handgeschriebene Karte

> Nicht die Jahre in unserem Leben zählen,
> sondern das Leben in unseren Jahren zählt.
> (Adlai E. Stevenson)
>
> Liebe Frau Gärtner,
>
> es ist ein „runder" Geburtstag, den Sie heute feiern – und so, wie ich Sie kenne, voller Lebensfreude und Energie, wird es ein sehr fröhlicher Tag sein.
>
> Ich gratuliere Ihnen sehr herzlich zu Ihrem 50. Geburtstag und wünsche Ihnen für Ihr neues Lebensjahr alles Gute, Glück und Gesundheit.
>
> Gertraud Erben

3. Gratulation zur Geburt eines Kindes, handgeschriebene Karte

> Drei Dinge sind uns aus dem Paradies geblieben:
> die Sterne, die Blumen und die Augen der Kinder
> (Dante Alighieri)
>
> Liebe Frau Vohwinkel, lieber Herr Vohwinkel,
>
> die Geburt eines Kindes ist ein ganz besonderer Moment im Leben, und wirklich: Was könnte rührender sein als die kleinen Fingerchen, die sich an Mamas oder Papas Daumen klammern, als das erste zahnlose Lächeln und die strahlenden Augen eines Babys?
>
> Wir freuen uns mit Ihnen über die Geburt Ihres Sohnes und gratulieren Ihnen dazu von Herzen. Die besten Wünsche für Ihre gemeinsame Zukunft senden Ihnen
>
> Norbert Petersmann und das Team der Petersmann KG

Mahnungen

Sie erbringen Leistungen für Ihre Kunden. Dafür wollen und müssen Sie selbstverständlich bezahlt werden. Und zwar möglichst schnell. Schließlich müssen Sie „flüssig" bleiben, damit Ihr Unternehmen bzw. Sie die Rechnungen Ihrer Lieferanten zahlen können.

In vielen Branchen können Sie darauf zählen oder durch entsprechende Vereinbarungen bei Vertragsschluss dafür sorgen, dass Sie Ihr Geld sofort nach der Lieferung oder Leistung bekommen: sei es über Barzahlung, EC- oder Kreditkartenzahlung, Vorkasse oder Abschlagszahlung, Abbuchungsauftrag, Einzugsermächtigung oder auch Online-Zahlverfahren wie Firstgate Click & Buy.

Wo das nicht möglich ist, schreiben Sie nach erbrachter Lieferung oder Leistung eine Rechnung, damit Ihr Kunde Ihnen das Geld überweist. In den meisten Fällen klappt das auch ganz gut. Mitunter aber verlegt ein Kunde eine Rechnung oder vergisst ganz einfach, fristgerecht zu zahlen. Oder er ist knapp bei Kasse und verbessert seine Liquidität, indem er seine Zahlung an Sie bewusst hinauszögert (und damit Ihre Liquidität verschlechtert). Manche Privatkunden sind gar der Meinung, vor der dritten Mahnung bräuchten sie grundsätzlich nicht zu bezahlen und lassen deswegen erst einmal alle Rechnungen liegen. Aus welchem Grund auch immer: Manchmal werden Ihre Rechnungen nicht fristgerecht bezahlt. Dann schreiben Sie eine Mahnung.

So ist die Rechtslage

Sobald Sie Ihre Leistung erbracht und eine Rechnung gestellt haben, ist der Rechnungsbetrag zur Zahlung fällig. Das heißt: Ihr Kunde muss sie bezahlen. Wenn er das nicht tut, schadet er Ihnen. Ihre Liquidität verschlechtert sich, vielleicht müssen Sie deswegen sogar einen Kontokorrentkredit in Anspruch nehmen und für ihn Zinsen zahlen. Sie haben zusätzliche Arbeit, um das Geld einzutreiben und müssen eventuell sogar einen Anwalt und/oder die Gebühr für ein gerichtliches Mahnverfahren bezahlen. All diese Unannehmlichkeiten verursachen Ihnen Kosten, die im Juristendeutsch „Verzugsschaden" heißen. Diese Kosten können Sie sich von Ihrem Schuldner zurückholen – aber erst, wenn er rechtlich betrachtet in Verzug geraten ist.

Wie gerät ein Schuldner in Verzug? Die erste Voraussetzung ist die Fälligkeit der Rechnung. Die zweite ist etwas komplizierter. Werfen wir dazu einen Blick auf die gesetzliche Regelung, den Paragraphen 286 des Bürgerlichen Gesetzbuches (BGB):

---

§ 286 Verzug des Schuldners

(1) Leistet der Schuldner auf eine Mahnung des Gläubigers nicht, die nach dem Eintritt der Fälligkeit erfolgt, so kommt er durch die Mahnung in Verzug. Der Mahnung stehen die Erhebung der Klage auf die Leistung sowie die Zustellung eines Mahnbescheids im Mahnverfahren gleich.

(2) Der Mahnung bedarf es nicht, wenn

1. für die Leistung eine Zeit nach dem Kalender bestimmt ist,

2. der Leistung ein Ereignis vorauszugehen hat und eine angemessene Zeit für die Leistung in der Weise bestimmt ist, dass sie sich von dem Ereignis an nach dem Kalender berechnen lässt,

3. der Schuldner die Leistung ernsthaft und endgültig verweigert,

4. aus besonderen Gründen unter Abwägung der beiderseitigen Interessen der sofortige Eintritt des Verzugs gerechtfertigt ist.

(3) Der Schuldner einer Entgeltforderung kommt spätestens in Verzug, wenn er nicht innerhalb von 30 Tagen nach Fälligkeit und Zugang einer Rechnung oder gleichwertigen Zahlungsaufstellung leistet; dies gilt gegenüber einem Schuldner, der Verbraucher ist, nur, wenn auf diese Folgen in der Rechnung oder Zahlungsaufstellung besonders hingewiesen worden ist. Wenn der Zeitpunkt des Zugangs der Rechnung oder Zahlungsaufstellung unsicher ist, kommt der Schuldner, der nicht Verbraucher ist, spätestens 30 Tage nach Fälligkeit und Empfang der Gegenleistung in Verzug.

(4) Der Schuldner kommt nicht in Verzug, solange die Leistung infolge eines Umstands unterbleibt, den er nicht zu vertreten hat.

Das heißt für Sie im Wesentlichen: Ihr Kunde gerät in Verzug, wenn Sie ihm eine Mahnung schicken oder wenn Sie klagen bzw. ein gerichtliches Mahnverfahren einleiten. Schon wegen der Kosten werden Sie zunächst natürlich mahnen und nicht gleich vor Gericht ziehen. Dazu genügt ein einziges entsprechendes Schreiben. Das im Geschäftsverkehr weit verbreitete Vorgehen mit

- erster Mahnung („Zahlungserinnerung")
- zweiter Mahnung (deutliche Zahlungsaufforderung)
- dritter Mahnung (Androhung des gerichtlichen Mahnverfahrens)
- und der anschließenden Eröffnung des gerichtlichen Mahnverfahrens

ist also rechtlich nicht erforderlich und damit unnötig aufwändig.

Sie können sich die Mühe eines Mahnschreibens sogar ganz ersparen, wenn die Voraussetzungen des § 286 Abs. 2 erfüllt sind: Zum einen, wenn ihr Kunde gleich sagt, dass er nicht zahlen will oder kann. Zum anderen, wenn Sie vorab vereinbart hatten (nicht erst in der Rechnung!), dass Ihr Kunde zu einem bestimmten Kalenderdatum oder binnen einer bestimmten Frist nach Lieferung/Leistung zahlen muss. Beispielformulierungen dafür sind:

- *Bitte zahlen Sie den Betrag bis zum 31.10.200X*
- *Zahlbar binnen 7 Tagen nach Lieferung*

Sobald dieser Termin ohne Zahlung verstrichen ist, ist Ihr Schuldner in Verzug. Oder, und diese Regelung gibt es erst seit der Schuldrechtsreform 2001, Sie verlassen sich auf die 30-Tages-Frist nach § 286 Abs. 3 BGB. 30 Tage nach Erhalt der Rechnung ist Ihr Geschäftskunde ganz automatisch in Verzug, ohne dass Sie irgendetwas dafür tun. Für einen Privatkunden gilt das dann, wenn Sie ihn auf diese Regelung hingewiesen hatten. Etwa indem Sie in Ihr Angebot einen Passus dieser Art aufgenommen haben:

„Bitte bezahlen Sie den Gesamtbetrag binnen 30 Tagen nach Erhalt der Rechnung. Sollten Sie in dieser Frist nicht bezahlt haben, geraten Sie automatisch in Verzug."

Was passiert, wenn der Kunde in Verzug ist? Dann haben Sie die rechtliche Grundlage, um ihn den Schaden, der Ihnen durch den Verzug entstanden ist, erstatten zu lassen. Als „Schaden" gelten dabei

- die Kosten für die Erstellung der Mahnschreiben (organisatorischer Aufwand plus Portokosten),
- eventuell angefallene Kosten für einen Rechtsanwalt oder die gerichtliche Mahngebühr und
- die Verzugszinsen.

Wenn Sie das Geld pünktlich bekommen hätten, hätten Sie es ja anlegen oder vielleicht Kontokorrentzinsen vermeiden können. Deshalb können Sie für jeden Tag, den Sie unnötig auf das Geld verzichten müssen, Zinsen verlangen. Wie viel, ist ebenfalls gesetzlich geregelt: Von Geschäftskunden dürfen Sie acht Prozentpunkte mehr als den aktuellen Basiszinssatz der Deutschen Bundesbank verlangen, von Privatkunden fünf Prozentpunkte mehr. Liegt der Basiszinssatz beispielsweise bei 1,62 % (Stand: 1. Halbjahr 2009), dürfen Sie von Geschäftskunden 9,62 % und von Privatkunden 6,62 % Verzugszinsen verlangen[5]. Diese Zinssätze beziehen sich auf das Kalenderjahr. Sie müssen sie also noch auf die fragliche Anzahl von Verzugstagen herunterrechnen.

„Kundenorientiert mahnen" – geht das überhaupt?

Wie Sie gerade gelesen haben, müssten Sie eigentlich überhaupt nicht mahnen, um doch noch an Ihr Geld zu kommen. Trotzdem werden Sie ab und an Mahnschreiben versenden; es hieße ja, mit Kanonen auf Spatzen zu schießen, wenn Sie jedem vergesslichen oder gerade etwas bargeldknappen Kunden gleich einen Mahnbescheid oder einen Anwalt ins Haus schicken würden. Es ist also bereits ein Zeichen von Kundenorientierung, wenn Sie mahnen, bevor Sie klagen.

Dennoch: Mahnungen gehören zu den unangenehmsten Korrespondenzanlässen, und das für beide Seiten.

Meine erste Empfehlung lautet daher: Versuchen Sie, Mahnungen schon im Vorfeld zu vermeiden. Machen Sie es Ihrem Kunden so einfach wie möglich, fristgerecht zu zahlen. Weisen Sie bereits im Angebot auf die Zahlungsfristen hin und schreiben Sie in die Rechnung am besten ganz klar und deutlich: *„Bitte überweisen Sie den Betrag bis zum ... auf unser Konto ..."* Wenn Sie dann auch noch einen vorausgefüllten Überweisungsträger beilegen, haben Sie schon viel zur Mahnungsprophylaxe getan.

Ich gebe an dieser Stelle zu, dass ich selbst auf meine Rechnungen nie Zahlungsfristen schreibe. Ich arbeite fast ausschließlich mit Geschäftskunden zusammen, für die ohnehin die 30-Tage-Frist gilt. Da die meisten langjährige Kunden sind, kenne ich ihre Zahlungsgewohnheiten: Einer zahlt immer sofort, so dass ich mich bereits nach fünf oder sieben Tagen über das

---

[5] Den aktuellen Basiszinssatz sowie eine Rechenhilfe zur Ermittlung der Verzugszinsen finden Sie im Internet beispielsweise unter http://basiszinssatz.de

Geld auf meinem Konto freuen kann. Andere zahlen regelmäßig nach vier Wochen. Und bei ein oder zwei Kandidaten schicke ich öfter mal nach Ablauf eines Monats eine E-Mail, in der ich freundlich darauf hinweise, dass da wohl etwas vergessen wurde ... wie gesagt, ich kenne meine Kunden und kalkuliere ihr Zahlungsverhalten bei meiner Liquiditätsplanung mit ein. Bei Neukunden oder wenn ich viele Einmalkunden hätte, wäre diese Vorgehensweise fahrlässig. Guten Gewissens empfehlen kann ich sie Ihnen jedenfalls nicht.

Je nach Art Ihrer Leistung und Ihrer Kunden ist auch gar nicht einzusehen, warum Sie 30 Tage auf Ihr Geld warten sollen. Setzen Sie lieber kürzere, nach Datum bestimmte Zahlungsfristen. Mit einem Skonto setzen Sie einen zusätzlichen Anreiz zur schnellen Zahlung (das müssen Sie aber vorher bei Ihrer Kalkulation berücksichtigen). Oft zu lesen, gerade bei Rechnungen aus Warenwirtschaftsprogrammen, sind Formulierungen wie:

„10 Tage 3 % Skonto, 30 Tage netto Kasse"

Bei Geschäftskunden ist das üblich. Bei Privatkunden können Sie aber nicht davon ausgehen, dass jeder versteht, was damit gemeint ist. Auch das Ausrechnen des Skonto-Betrags fällt erfahrungsgemäß vielen schwer – damit verpufft aber seine Wirkung. Schreiben Sie deshalb lieber:

„Wenn Sie die Rechnung bis zum ... überweisen, gewähren wir Ihnen 3 Prozent Skonto. Sie können dann also ... Euro vom Rechnungsbetrag abziehen. Ansonsten wird der volle Betrag bis zum ... zur Zahlung fällig."

Sollte trotz dieser Vorbeugungsmaßnahmen eine Zahlung nicht pünktlich eingehen, müssen Sie eben doch eine Mahnung schreiben. Kundenorientierung bedeutet dann, dass Sie es dem Kunden leicht machen, sein Gesicht zu wahren. „Vergessen" kann ja mal vorkommen. Deswegen nennen viele Unternehmen ihr erstes Mahnschreiben freundlich „Zahlungserinnerung". Wirkt es nicht, rate ich zu einer zweiten, jetzt sehr deutlichen Mahnung. Ein Kunde, der absichtlich nicht zahlt, ist kein guter Kunde. Er kann Höflichkeit von Ihnen erwarten, aber keine Nachgiebigkeit. Ob Sie noch eine dritte Mahnung nachschieben oder gleich einen Anwalt einschalten, sollten Sie je nach Situation und Höhe des ausstehenden Betrags entscheiden.

Wie Sie nicht mahnen sollten

Zahlungserinnerung

Sehr geehrte Damen und Herren,

für die nachfolgend aufgeführten Rechnungen ist die Zahlung fällig. Sollten Sie den fälligen Betrag in der Zwischenzeit bereits beglichen haben, betrachten Sie dieses Schreiben bitte als gegenstandslos.

Mit freundlichen Grüßen

Belegnr. Datum Beschreibung Ist-Saldo Betrag fällig
(entsprechende Daten zu einer Rechnung)

Wir erwarten Ihren Zahlungseingang bis zum: *(Datum)*

Ja, so kann es gehen, wenn man das „Schreiben" ganz dem Computer(programm) überlässt. Diese Mahnung wurde so tatsächlich verschickt. Es ging übrigens um eine Rechnung über einen Betrag von 7,43 Euro brutto.

Das ist ein Muster dafür, wie Sie *nicht* mahnen sollten: Es ist unpersönlich (der Empfänger wird nicht einmal namentlich angesprochen), erweckt den Eindruck, als würde der Kunde überhaupt nie rechtzeitig zahlen (warum sonst der Hinweis auf die aufgeführten Rechnung*en*?) und unnötig scharf (mit der harten Zahlungsaufforderung am Schluss).

Andere Mahnschreiben sind extrem floskelhaft formuliert. Eine IHK stellt beispielsweise folgende Musterformulierung zur Verfügung:

Sehr geehrter Herr Mustermann,

unsere Buchhaltung macht uns darauf aufmerksam, dass der im Betreff genannte Betrag noch nicht ausgeglichen ist. Wir erlauben uns daher höflich, an den Ausgleich des Gesamtbetrags zu erinnern und bitten Sie gleichzeitig, uns wissen zu lassen, ob wegen der Lieferung irgendwelche Beanstandungen zu erheben sind, damit wir uns gegebenenfalls darum kümmern können.

Mit freundlichen Grüßen

Dieses Schreiben lässt immerhin ein Bemühen um Höflichkeit erkennen und ein gewisses Maß an Kundenorientierung, weil gefragt wird, ob der Kunde möglicherweise wegen seiner Unzufriedenheit mit der Lieferung nicht zahlt. Ansonsten fällt es eher in die Kategorie „Behördendeutsch". Die Floskel *„wir erlauben uns"* sollten Sie ohnehin aus Ihrem Wortschatz streichen. Nicht nur, weil es sich dabei um einen Vorreiter handelt (mehr dazu haben Sie auf Seite 36 gelesen). Sondern insbesondere, weil diese Formulierung inhaltlich keinen Sinn ergibt. Entweder Sie tun etwas, das Sie für richtig halten. Oder Sie bitten Ihren Kunden um Erlaubnis dafür. Aber Sie erlauben sich nichts selbst.

Check-Box

Das gehört in ein Mahnschreiben

- ☐ Nummer und Datum der noch unbezahlten Rechnung
- ☐ Fälligkeitsdatum der Rechnung
- ☐ Bitte um Begleichung der Rechnung
- ☐ Termin, bis zu dem die Zahlung eingegangen sein soll
- ☐ eventuell erneute Nennung der Bankverbindung: Kontonummer, Kreditinstitut, Bankleitzahl
- ☐ Ankündigung von Konsequenzen bei Nichtbezahlung (ab zweiter Mahnung)
- ☐ Aufstellung der Zusatzkosten durch die Mahnung wie Verzugszinsen und Mahngebühren (ab zweiter Mahnung bzw. Verzug)

Muster-Mahnschreiben

1. Erste Mahnung an einen Privatkunden, konservativ

> **Erinnerung: Unsere Rechnung Nr. 12345 vom 31.07.200X ist noch nicht bezahlt!**
>
> Sehr geehrte Frau Schön,
>
> wir hoffen, Sie genießen den Sommer auf Ihrer Sonnenliege „Primera", die wir Ihnen am 31.07. geliefert haben.
>
> Vielleicht haben Sie es übersehen, aber die Rechnung war am 10.08. zur Zahlung fällig. Bitte überweisen Sie uns den Rechnungsbetrag von 103,50 Euro bis zum 31.08. auf unser Konto (Kontonummer, Bank, Bankleitzahl). Oder haben Sie das in der Zwischenzeit schon erledigt? Dann herzlichen Dank dafür.
>
> Weiterhin schöne Sonnenstunden wünscht Ihnen
>
> *Andrea Hartig*
>
> Assistentin der Geschäftsleitung

2. Erste Mahnung an einen Privatkunden, witzig

> **Geld allein macht nicht glücklich. Aber es beruhigt ungemein.**
>
> Lieber Herr Barth,
>
> im Moment bin ich etwas beunruhigt, weil Sie meine Rechnung Nr. 09876 vom 15. September (Fälligkeit: 30. September) noch nicht bezahlt haben.
>
> Ruhig und glücklich könnten Sie mich machen, wenn Sie das bis 17. Oktober nachholen. Ich lege Ihnen einen ausgefüllten Überweisungsträger bei, damit Sie mich ganz schnell beruhigen können.
>
> Herzliche Grüße
>
> *Vanessa Jendrak*
>
> Schreinerei Jendrak

3. Erste Mahnung an einen Geschäftskunden

Unsere Rechnung 00123 vom 22.10.200X
Zahlungserinnerung

Sehr geehrter Herr Dr. Bucher,

unsere Rechnung war am 04.11. fällig. Da wir bisher noch keinen Zahlungseingang verbuchen konnten, bitten wir Sie darum, in Ihrer Buchhaltung nachzuhaken und die Zahlung bis 14.11. zu veranlassen.

Oder gab es Probleme mit der Lieferung, die uns nicht bekannt sind? Dann rufen Sie mich bitte an, damit wir das klären können. Sie erreichen mich unter Tel. 098 76543-21 vormittags von 8.00 bis 12.30 Uhr.

Vielen Dank und viele Grüße

Sabine Schripp

4. Zweite, dringende Mahnung an eine gute Privatkundin

Ich mache mir große Sorgen
wegen meiner Rechnung Nr. 232/09 vom 16. November 200X!

Sehr geehrte Frau Paliege,

seit drei Jahren betreue ich nun Ihren Garten und habe Sie als treue Kundin schätzen gelernt.

Deshalb bin ich sehr verwundert, dass Sie meine Rechnung Nr. 232/09 immer noch nicht bezahlt haben, obwohl sie bereits am 26. November fällig war und ich Ihnen am 4. Dezember eine Zahlungserinnerung geschickt habe. Bis zum 14. Dezember habe ich Ihnen Zeit gegeben, aber nun ist Weihnachten vorbei und immer noch keine Zahlung bei mir eingegangen.

Bitte, sehr geehrte Frau Paliege, zahlen Sie jetzt umgehend den Rechnungsbetrag von 248 Euro auf mein Konto (Nummer, Bankverbindung, BLZ). Sollte das Geld bis zum 10. Januar nicht auf meinem Konto sein, werde ich ein gerichtliches Mahnverfahren einleiten. Ich tue das nicht gerne, aber auch ich muss meine Rechnungen bezahlen.

Sollten Sie selbst in ernsthaften Zahlungsschwierigkeiten sein, rufen Sie mich bitte an, damit wir eine Lösung finden können.

Freundliche Grüße

Bernd Wagner

Gartenbau Wagner

---

5. Zweite, dringende Mahnung an einen nicht so guten Privatkunden

Zweite und letzte Mahnung
Unsere Rechnung vom 12.08.200X

Sehr geehrter Herr Zapf,

wir haben Anfang August Ihr Gartenhaus aufgestellt. Jetzt ist schon fast Allerheiligen, aber Sie haben die Rechnung in Höhe von 1.890 Euro immer noch nicht bezahlt. Auf unsere Zahlungserinnerung vom 15. September und die Nachrichten, die wir auf Ihrem Anrufbeantworter hinterlassen haben, haben Sie nicht reagiert.

Ich bitte Sie heute ausdrücklich darum,
– den Rechnungsbetrag   1.890,00 €
– zuzüglich Verzugszinsen   16,80 €   (6,62 % für 49 Tage)
– zuzüglich Mahnkosten   10,00 €

Gesamtbetrag   1.916,80 €

bis spätestens 5. November zu überweisen. Sollten Sie das nicht tun, übergeben wir die Sache unserem Anwalt. Das ist für Sie mit zusätzlichen Kosten und Unannehmlichkeiten verbunden. Möchten Sie das wirklich?

Merle Stephani

Anmerkung: Auf „Freundliche Grüße" können Sie in so einem Fall verzichten. Früher setzte man unter solche Schreiben die Grußformel „*Hochachtungsvoll*" (obwohl man das Gegenteil davon meinte). Das ist veraltet. Verzichten Sie lieber ganz auf Grüße, wenn Sie keine freundlichen schicken können.

6. Letzte Mahnung an einen Geschäftskunden

Unsere Rechnung 12345
Zweite Mahnung – bitte veranlassen Sie sofort die Zahlung!

Sehr geehrte Frau Wilhelm,

trotz unserer Zahlungserinnerung vom 25. September ist Ihr Kundenkonto immer noch nicht ausgeglichen; uns liegt auch keine andere Reaktion aus Ihrem Hause vor.

Bitte überweisen Sie umgehend den Rechnungsbetrag von 4.325,45 Euro, oder setzen Sie sich mit uns in Verbindung, um eventuelle Zahlungsschwierigkeiten zu klären. Sollte beides bis 20. Oktober nicht passiert sein, werden wir einen gerichtlichen Mahnbescheid beantragen.

Jan Jaspers
Jasper KG

Forderungsaufstellung, Stand: 07.10.200X
(entsprechende Daten nennen)

Mitteilungen über Neuerungen

Wenn sich in Ihrem Unternehmen Neuerungen ergeben, sollten Sie dies Ihren Kunden mitteilen, sofern sie in irgendeiner Weise davon betroffen sind. Dafür gibt es zahlreiche Anlässe, von denen ich die gängigsten herausgegriffen habe: neue Angebote, neue Mitarbeiter, neue Inhaber/neue Geschäftsführung.

Neue Angebote/Produkte

Weniger dramatisch als ein Mitarbeiter- bzw. Inhaberwechsel ist es, wenn Sie neue Artikel bzw. Leistungen in Ihr Angebot aufnehmen oder schlicht Ihr Angebot anpassen und aktualisieren. Eine Mitteilung an Ihre Kunden ist dies allemal wert. Aber bitte nicht so:

Katalog 2010

Sehr geehrte Frau Kettl-Römer,

beiliegend erhalten Sie unseren neuen Katalog 2010, der wieder einige neue, für Sie interessante Angebote enthält.

Mit freundlichen Grüßen

Allzu oft bekomme ich Schreiben dieser Art. Aber mal ehrlich, was soll ich daraufhin tun? Soll ich etwa den Katalog von A bis Z durchblättern oder das Inhaltsverzeichnis genauestens analysieren, um herauszufinden, was denn wohl die neuen Angebote sind und inwiefern diese für mich interessant sein könnten?

Meistens habe ich dafür gerade keine Zeit oder kein Interesse, und so wandert der Katalog ungelesen in die Ablage. Vielleicht werde ich ihn dort heraussuchen, wenn ich wieder mal Artikel dieses Lieferanten benötige. Vielleicht stoße ich dann sogar zufällig auf die neuen Angebote – wahrscheinlich aber nicht. So sieht eine verschenkte Chance aus.

Ein Schreiben, das Sie mit einem Katalog, einem Flyer oder auch nur „solo" mit einer schlichten Information über ein neues Produkt/eine Leistung versenden, ist letztlich ein Werbebrief. Es darf nicht inhaltsleer vor sich hin murmeln, was der Kunde ohnehin sieht: *„Es gibt da irgendwo irgendetwas"*. Sondern es muss ihm (bildlich gesprochen) zurufen: *„Hier ist etwas Neues, das für Sie hochinteressant ist, das sollten Sie sich unbedingt anschauen!"*

Check-Box

Das gehört in ein Schreiben zur Ankündigung neuer Angebote

- ☐ Ankündigung des neuen Produkts/der neuen Leistung
- ☐ Herausarbeitung des Nutzens, den der Empfänger davon hat
- ☐ gegebenenfalls Hinweise zur Nutzung bzw. Bestellung
- ☐ Nennung eines Ansprechpartners mit Kontaktdaten bzw. anderen Möglichkeiten, an weitere Informationen zu kommen

Muster-Schreiben zur Ankündigung neuer Angebote

1. E-Mail wegen Erweiterung des Leistungsspektrums

An: g.hotter@firma-abc.de
CC:
Betreff: Ab sofort Arabisch-Kurse bei Exotilingua

Sehr geehrter Herr Hotter,

die arabische Welt bietet nicht nur exotische Reiseziele, sondern auch einen zunehmend attraktiven Absatzmarkt, den unsere Kundenunternehmen zunehmend für sich entdecken. Deshalb haben wir uns entschlossen, zukünftig auch Arabisch in unser Kursprogramm aufzunehmen.

Ab dem 2. Februar können Sie unseren neuen Lehrer Dr. Abdelrahman Habib kennen lernen und mit ihm wahlweise den Arabisch-Grundkurs, das Arabisch-Kompakt-Seminar (vier Einheiten à vier Tage) oder einen Crashkurs Business-Arabisch absolvieren. Selbstverständlich schneidern wir Ihnen gerne auch firmenspezifische Angebote zu, wie Sie es von uns gewohnt sind.

Die genauen Kursbeschreibungen, die Vita von Dr. Habib sowie die Preise und Termine für die offenen Seminare finden Sie auf unserer Website www.exotilingua.de.

Selbstverständlich können Sie uns gerne anrufen, wenn Sie Fragen oder Wünsche bezüglich des Kursprogramms haben: Tel.: 0123 45678-0.

Mit freundlichen Grüßen und Salam!

Gerhild Jürgens

2. Begleitschreiben zum neuen Katalog

Freuen Sie sich auf den Sommer – unser neuer Gartenmöbel-Katalog ist da!

Sehr geehrte Frau Kramer,

nach den vielen trüben Wintertagen freuen wir uns alle auf den Frühling, auf Sonne, Wärme und herrliche Stunden im Freien. Am besten genießen können Sie die Sonnenstunden auf unseren so formschönen wie robusten Gartenmöbeln.

Wir schicken Ihnen hier unseren neuen Katalog mit der Kollektion für Frühjahr/Sommer 20XX. Ganz neu ist beispielsweise unsere Fairtrade Rattan-Kollektion auf den Seiten 45/46, die aus Ihrer Terrasse einen eleganten Aufenthaltsort im afrikanischen Stil macht. Oder wie wäre es mit den hübschen Rosentischchen im englischen Stil (Seite 67)?

Blättern Sie den Katalog in aller Ruhe durch, und freuen Sie sich auf den Sommer.

Mit gartenfrischen Grüßen

Manuela Herbert

Garten & Co

PS: Entscheiden Sie sich schnell für Ihr Lieblingsstück – wenn Ihre Bestellung bei uns bis zum 28.02.20XX eingeht, bekommen Sie 2 Prozent Frühbestellerrabatt!

Mitarbeiterwechsel

Nicht nur Sie und die Kollegen aus Ihrem Unternehmen müssen sich an neue Mitarbeiter erst gewöhnen, sondern auch die Kunden, die mit den „Neuen" zu tun haben. Neue Mitarbeiter können für einen Kunden eine gute Nachricht sein, wenn dadurch z. B. ein Engpass im Service beseitigt wird. Oder eine schlechte, wenn ein vertrauter und erfahrener Ansprechpartner durch einen bisher unbekannten Neuling ersetzt wird. Entsprechend frühzeitig, umfassend und einfühlsam sollten Sie formulieren, und zwar möglichst per Brief und nicht per E-Mail.

Check-Box

Das gehört in eine Mitteilung über einen Mitarbeiterwechsel

- ☐ Datum, ab dem der neue Mitarbeiter im Unternehmen ist
- ☐ gegebenenfalls Datum, zu dem der „alte" Mitarbeiter ausscheidet
- ☐ eventuell Nennung des Grundes für den Mitarbeiterwechsel
- ☐ Vor- und Nachname des neuen Mitarbeiters sowie seine Kontaktdaten
- ☐ wo möglich, Hinweis auf den Vorteil, den der Kunde vom „Neuen" hat
- ☐ gegebenenfalls Dank für die bisherige Zusammenarbeit
- ☐ eventuell Bitte um Verständnis für möglicherweise auftretende Übergangsschwierigkeiten

---

Muster-Schreiben zur Ankündigung neuer Mitarbeiter

1. Verstärkung im Serviceteam (für den Kunden positiv)

> **Wir verstärken für Sie unser Service-Team**
>
> Sehr geehrter Herr Manewetter,
>
> in den letzten Wochen gab es leider immer wieder Fälle, in denen Kunden mehrere Tage auf die Beantwortung von Anfragen warten mussten. Sollten Sie davon betroffen gewesen sein, entschuldigen wir uns dafür.

Ab sofort können Sie wieder mit einer sehr zügigen Bearbeitung Ihrer Anfragen rechnen! Wir haben nämlich unser Serviceteam aufgestockt. Seit 1. September sind unsere frisch geschulten Mitarbeiterinnen Frau Güler Ime und Frau Valentina Wilms unter Tel. 09876 54321-10 bzw. -11 von 9 bis 18 Uhr für Sie da.

Mit freundlichen Grüßen
Sabine Haggenmiller
Vertriebsleitung

2. Abschiedsbrief einer Kundenbetreuerin

Wechselt ein Kundenbetreuer, sollte er am besten selbst einen „Abschiedsbrief" an seine Kunden schreiben und seinen Nachfolger ankündigen, der sich dann brieflich, telefonisch oder persönlich bei seinen Kunden vorstellt. Etwa so:

Abschiedsworte müssen kurz sein wie eine Liebeserklärung.
(Theodor Fontane)

Sehr geehrte Frau Regensberger,

mit diesem Brief verabschiede ich mich nach vier Jahren im Kundenservice der XY AG von Ihnen – und zwar in aller Kürze, wie der Dichter es fordert.

Ich habe gerne mit Ihnen und für Sie gearbeitet. Nun aber ist es für mich Zeit für eine berufliche Veränderung. Ab 2. Januar werde ich in einem anderen Unternehmen als Teamleiterin im Service arbeiten.

Ab 1. Dezember werden Sie, wenn Sie „meine" Nummer wählen, mitunter bereits auf meinen Nachfolger, Herrn Werner Ernst, treffen. Wir werden uns bemühen, die Einarbeitungsphase intensiv zu nutzen, damit Sie im neuen Jahr den gewohnt guten Service aus unserem Hause bekommen.

Mit herzlichen Grüßen
Marlene Lauterbach
Kundenservice

3. Mitteilung über einen Mitarbeiterwechsel durch die Geschäftsleitung

Manchmal kann der betreffende Mitarbeiter sich nicht selbst verabschieden, etwa weil er plötzlich erkrankt, einen Unfall erleidet oder sonst etwas Unvorhergesehenes passiert. Dann müssen Sie das eben übernehmen. Beispielsweise so:

Sie haben einen neuen Ansprechpartner im Kundenservice

Sehr geehrter Herr Wittig,

ab sofort werden Sie im Kundenservice nicht mehr von Herrn Martin Garhammer, sondern von Frau Christiane Dering betreut. Sie erreichen Sie unter der Durchwahl -16. Frau Dering wird sich in den nächsten Tagen persönlich bei Ihnen melden, um sich vorzustellen.

Diese Nachricht kommt für Sie sicher etwas plötzlich. Auch für uns war es ein Schock zu erfahren, dass Herr Garhammer schwer erkrankt ist und für längere Zeit nicht an seinen Arbeitsplatz zurückkehren kann.

Wir werden unser Bestes tun, um diese Umstellung für Sie so reibungslos wie möglich vorzunehmen. Für eventuell trotzdem auftretende vorübergehende Verzögerungen oder Probleme bitten wir um Ihr Verständnis.

Mit freundlichen Grüßen

Bianca Haller
Assistentin der Geschäftsführung

Inhaberwechsel bzw. Wechsel der Geschäftsführung

Es hängt von der Größe und Struktur Ihres Unternehmens ab, ob ein Mitarbeiter- oder ein Inhaberwechsel für Ihre Kunden die größere Umstellung bedeutet. Auf jeden Fall aber ist ein Wechsel des Inhabers oder der Geschäftsführung eine wesentliche Veränderung in Ihrem Unternehmen, über die Sie Ihre Kunden in einem Brief (keine E-Mail!) gesondert informieren müssen.

Ein bisschen ist es Geschmackssache, ob der scheidende Inhaber/Geschäftsführer sich mit einem Brief selbst verabschiedet und seinen Nachfolger ankündigt, oder ob der neue sich bei den Kunden vorstellt und dabei den Vorgänger verabschiedet. Ich persönlich halte die erste Variante für stilvoller.

Check-Box ✓

Das gehört in ein Schreiben zum Wechsel des Inhabers/der Geschäftsführung

Wenn der Inhaber/Geschäftsführer sich selbst verabschiedet

- ☐ Mitteilung, was genau sich ändern wird (wer wird welche Funktion abgeben/übernehmen?)
- ☐ eventuell Gründe für den Wechsel
- ☐ Vorstellung des/der „Neuen"
- ☐ Datum, zu dem der Wechsel vollzogen wird
- ☐ Dank an die Kunden für ihre Treue/gute Zusammenarbeit
- ☐ Versicherung der Kontinuität

Wenn der neue Inhaber/Geschäftsführer schreibt: dieselben Inhalte, zusätzlich

- ☐ Würdigung des ausscheidenden Inhabers/Geschäftsführers
- ☐ Dank für seine Leistungen
- ☐ gute Wünsche für seine Zukunft

**Muster-Schreiben zum Wechsel des Inhabers/
der Geschäftsführung**

1. Inhaber verabschiedet sich selbst

Sehr geehrte Frau Schönebach,

mit diesem Schreiben verabschiede ich mich von Ihnen als Inhaber und Geschäftsführer der Hollfelder Autolackierung GmbH. 1975 habe ich das Unternehmen gegründet und durfte erleben, wie es wuchs und gute Kunden wie Sie gewann. Heute, nach 35 Jahren, blicke ich mit einem gewissen Stolz und mit Dankbarkeit auf das Erreichte.

Stolz und dankbar bin ich auch, dass ich in meiner Tochter Carla eine qualifizierte und engagierte Nachfolgerin gefunden habe. Ab dem 15. Dezember wird sie die Mehrheit der Gesellschafteranteile sowie die Geschäftsführung übernehmen und die Geschicke der Hollfelder Autolackierung GmbH leiten.

Ich würde mich sehr freuen, wenn Sie unserem Unternehmen auch in Zukunft verbunden blieben.

Ihr

Heinrich Hollfelder

2. Neue Inhaber/Geschäftsführer schreiben nach Betriebsübergang

„Wir müssen oft anfangen, aber nur selten von vorne."
(Ernst Ferstl)

Sehr geehrter Herr Lipczinsky,

Unser Gründer und langjähriger Geschäftsführer, Herr Ernst Holletschek, hat sein Unternehmen, die Holletschek Planungs GmbH, an seine Nachfolger übergeben.

Um den Fortbestand des Unternehmens zu sichern, haben die neuen Gesellschafter

Silvia Reinstüber und Gerlinde Keck

zum 1. September 200X alle Geschäftsanteile der Holletschek GmbH übernommen. Als Geschäftsführerin der Gesellschaft wird ab sofort

Silvia Reinstüber

das Unternehmen führen.

Wir danken Herrn Holletschek für die Aufbauleistung, die er erbracht hat, für sein visionäres Engagement für das Unternehmen, für die vorausschauende Planung zur Sicherung seines Lebenswerks und auch dafür, dass er uns weiterhin beratend zur Seite stehen wird.

Für Sie als Kunden der Holletschek GmbH ist damit Kontinuität garantiert: Wir werden auch in Zukunft ein zuverlässiger und kompetenter Partner für Sie sein und freuen uns auf neue gemeinsame Projekte mit Ihnen.

Silvia Reinstüber   *ppa. Gerlinde Keck*
Silvia Reinstüber   Gerlinde Keck
Geschäftsführung

Nachfassbriefe

Manchmal beantworten Sie eine Kundenanfrage oder schreiben ein Angebot, ohne dass der Empfänger darauf reagiert. Oder es gibt da ein paar Kunden, die nur ein einziges Mal bei Ihnen gekauft haben, oder früher oft, jetzt aber schon lange nicht mehr. Oder Sie haben Werbebriefe verschickt, auf die sehr viele Empfänger nicht reagiert haben. Dies alles sind potenzielle Adressaten für so genannte Nachfassbriefe. Sie könnten sie auch „In-Erinnerung-bring-Briefe" nennen, wenn dieser Ausdruck nicht so sperrig wäre.

Aber genau darum geht es: Sie schreiben, um Ihre (potenziellen) Kunden daran zu erinnern, dass Sie da sind und ein für sie attraktives Leistungsangebot haben. Vielleicht ist Ihr Angebot ja auf einem Ablagestapel gelandet und dort in Vergessenheit geraten, oder der Empfänger war sich einfach noch nicht sicher und hat es zur Seite gelegt, oder er hat zwischenzeitlich woanders gekauft – aber wer weiß, ob er dort zufrieden ist?

Wenn er Ihr Schreiben liest, denkt Ihr Kunde an Sie. Vielleicht dringen Sie sogar mit dem zweiten Schreiben erst richtig in sein Bewusstsein vor. Werbestrategen behaupten, dass Sie mit Nachfassbriefen die Antwortquote auf ein Mailing glatt verdoppeln können. Jedenfalls sollte Ihnen ein Kunde, zu dem bereits ansatzweise eine Beziehung geknüpft wurde, ein zweites Schreiben wert sein. Selbst wenn er sich anschließend nur meldet, um Ihnen zu sagen, dass er nicht bei Ihnen kaufen will – dann wissen Sie wenigstens Bescheid.

Check-Box

Das gehört in einen Nachfassbrief

- ☐ Bezug auf den vorhergegangenen Kontakt
- ☐ Erneuerung des Angebots
- ☐ Ausdruck der Servicebereitschaft
- ☐ eventuell ein zusätzlicher Anreiz für eine Reaktion des Kunden
- ☐ erneute Nennung des Ansprechpartners in Ihrem Hause und seiner Kontaktdaten
- ☐ Bitte um eine klare Reaktion (Absage oder Kontaktaufnahme, falls noch Interesse besteht)

Muster-Nachfassbriefe

1. Nachfassbrief nach einem Angebot, auf das der Kunde noch nicht reagiert hat (nach ein bis zwei Wochen)

Getränkelieferung zu Ihrem „Ruhestandsfest" – haben Sie noch Interesse?

Sehr geehrter Herr Harmsen,

Ihr letzter Arbeitstag rückt näher. Sicher freuen Sie sich schon auf Ihren wohlverdienten Ruhestand. Schön, dass Sie für die Getränkelieferung zu Ihrem „Ruhestandsfest" an uns gedacht haben.

Das Angebot habe ich Ihnen wie besprochen Anfang letzter Woche zugeschickt. Ich hoffe, die Unterlagen sind angekommen.

Entsprechen Preise und Service Ihren Vorstellungen? Dann freue ich mich auf Ihren Auftrag. Es genügt, wenn Sie dazu das mitgeschickte Formular ausfüllen und zurücksenden bzw. -faxen.

Oder haben Sie noch Fragen oder Wünsche? Dann rufen Sie mich einfach an, unter Tel. 0123 45678.

Wenn Sie sich bis 5. Oktober, 12 Uhr bei mir melden, kann ich die Bestellung noch problemlos pünktlich ausführen. Oder haben Sie sich für ein anderes Angebot entschieden? Dann geben Sie mir doch bitte kurz Bescheid.

Herzliche Grüße

Grit Haane

2. Nachfassbrief nach einem Werbeschreiben, auf das der Empfänger noch nicht reagiert hat (nach ein bis zwei Wochen)

Warum in die Ferne schweifen …

Sehr geehrter Herr Dr. Folter,

wenn doch das Gute so nahe liegt? Und das gleich doppelt: Einmal liegt unser Dentallabor ganz in Ihrer Nähe, zum anderen muss irgendwo auf Ihrem Schreibtisch noch mein Schreiben von vorletzter Woche liegen. Darin habe ich Ihnen unser Labor und seine Leistungen vorgestellt.

Ein Blick in unseren Laborflyer lohnt sich: Wir sind preisgünstig, zuverlässig und flexibel. Schauen Sie doch einmal auf unserer Website vorbei: www.dentallabor-xy.de. Oder vereinbaren Sie einen Termin für ein persönliches Gespräch, gerne auch zur Laborbesichtigung – ich freue mich auf Ihren Anruf unter Tel. 02211 334455-0.

Freundliche Grüße

Martin Forster

3. Nachfassbrief an einen Kunden, der nur einmal einen Auftrag erteilt hatte

Dürfen wir diesen Herbst wieder die Grabpflege für Sie übernehmen?

Sehr geehrte Frau Deininger,

der Herbst naht und mit ihm das Fest Allerheiligen, an dem viele Menschen ihrer Toten gedenken und die Gräber festlich schmücken. Im Oktober vor zwei Jahren haben wir für Sie den Familien-Grabstein gereinigt, die Einfassung gesäubert und repariert, die Erde erneuert und die Buchsbäume zurückgeschnitten. Nach zwei Jahren ist dort sicher wieder einiges zu tun.

Wir sind jetzt dabei, die Terminplanung für Oktober zu machen. Dürfen wir die Arbeiten an Ihrem Familiengrab wieder mit einplanen? Im Rahmen unserer Allerheiligen-Aktion bieten wir Ihnen die Grabpflege zum günstigen Pauschalpreis von nur 69 Euro inklusive der gesetzlichen Mehrwertsteuer an.

Bitte lassen Sie mich wissen, ob Sie an unserem Angebot interessiert sind. Rufen Sie mich einfach unter Tel. 01799 556677 an.

Mit freundlichen Grüßen

Günther Maresch
Hausmeister- & Gartenservice Maresch

PS: Vielleicht können wir weitere Aufgaben in Haus und Garten für Sie übernehmen? Ich lege Ihnen unseren aktuellen Hausprospekt nebst Preisliste bei, damit Sie sich ein Bild von unserem Leistungsspektrum machen können.

Preisänderungen ankündigen

„Preisänderungen" ist bewusst als neutrale Formulierung gewählt. In der Praxis sind neue Preise in den allermeisten Fällen aber höhere Preise. Die müssen Sie Ihren Kunden ankündigen, auch wenn Sie wissen, dass dies nicht unbedingt auf Begeisterung stoßen dürfte. Preiserhöhungen sind für Ihre Kunden etwas Schlechtes. Keine noch so treffliche Formulierung wird dazu führen, dass die Empfänger sich über einen solchen Brief freuen.

Dennoch ist ein es ein Zeichen von Kundenorientierung, Preisänderungen so rechtzeitig anzukündigen, dass Ihre Kunden sich darauf einstellen können. Eine gute und nachvollziehbare Begründung sind Sie ihnen ohnehin schuldig.

In manchen Branchen werden die Preise jedes Jahr mit unschöner Regelmäßigkeit erhöht. Wenn Sie öfter oder sogar jährlich Preiserhöhungen ankündigen (müssen), sollten Sie unbedingt jedes Mal neu und persönlich formulieren. Nur so können Sie die gewisse Gereiztheit vermeiden, die sich beim Empfänger einstellt, wenn er jedes Jahr den gleichen lapidaren Formbrief bekommt. Ein Negativ-Beispiel gibt leider meine (private) Krankenversicherung ab. Jedes Jahr wieder erhalte ich dieses stereotype Schreiben, das sich nur im Datum von seinem Vorgängerschreiben unterscheidet:

Anpassung der Krankenversicherungsbeiträge
Ihre Krankenversicherung Nr. ......

Sehr geehrte Frau Kettl-Römer,

die private Krankenversicherung ist einer der wichtigsten Bestandteile Ihrer finanziellen Vorsorge. Sie sorgt dafür, dass Sie im Krankheitsfall die Möglichkeiten der modernen Medizin voll nutzen können.

Um das zu gewährleisten, müssen wir die anfallenden Ausgaben für medizinische Leistungen und die Beitragseinnahmen in einem ausgewogenen Verhältnis zueinander halten. Eine jährliche Prüfung ist gesetzlich vorgeschrieben. Diese hat ergeben, dass die Beiträge in verschiedenen Tarifen anzupassen sind.

> Wie sich Ihr Beitrag ändert, ersehen Sie aus ...
>
> *Nennung Ansprechpartner und Kontaktdaten*
>
> Mit freundlichen Grüßen
>
> KRANKENVERSICHERUNG
>
> *Dr. Wilhelm Wichtig*
>
> Vorstandsvorsitzender

Das ist ja alles richtig. Ich kann es von der Sache her akzeptieren. Aber es nervt mich, das jedes Jahr wieder im selben Wortlaut lesen zu müssen. Wenigstens die Mühe einer neuen Formulierung könnte man sich dort für mich machen. Etwa so:

- *Sicher haben Sie über die letzten Monate in der Presse verfolgt, dass sich der medizinische Fortschritt und die (erfreulicherweise) immer noch steigende Lebenserwartung in Form höherer Gesundheitskosten niederschlagen. Davon sind auch wir nicht verschont geblieben. Deshalb müssen wir einige Tarife anpassen, von denen auch Sie betroffen sind ....*
- *„Schon wieder eine Tariferhöhung" haben Sie wahrscheinlich gedacht, als Sie diesen Brief in Ihrer Tagespost gefunden haben. Leider liegen Sie mit dieser Vermutung richtig. Die Gesundheitskosten unserer Versicherten sind auch 2009 weiter gestiegen, und wie Sie wissen, sind wir gesetzlich dazu verpflichtet, unsere Einnahmen den Ausgaben anzupassen.*
- *Um bis zu 20 Prozent sind 2009 in einzelnen Tarifen unsere Ausgaben für Ihre Gesundheit gestiegen. Diese Steigerungen können wir nicht mehr durch Einsparungen an anderen Stellen auffangen, sondern müssen sie – leider – in Form von Tariferhöhungen an Sie weitergeben. Auch in Zukunft stehen aber nicht unsere Kosten, sondern Ihre Gesundheit für uns an erster Stelle!*

Ein wirklicher „Schlager" wäre ein Brief, mit dem Sie ankündigen, dass Sie die Preise ausnahmsweise einmal nicht erhöhen:

2011 bleiben Ihre Beiträge stabil!

Sehr geehrte Frau Kettl-Römer,

dieses Jahr haben wir eine erfreuliche Mitteilung für Sie: Dank des kostenbewussten Verhaltens unserer Versicherten und unserer eigenen Sparbemühungen konnten wir 2010 unsere Kosten stabil halten.

Deswegen bleiben nächstes Jahr auch Ihre Beiträge zur Krankenkasse stabil – Sie müssen für Ihre hochwertige Gesundheitsvorsorge im kommenden Jahr also keinen Cent mehr bezahlen als bisher!

Ein gesundes Jahr 2011 wünscht Ihnen

Check-Box

Das gehört in ein Schreiben, in dem Preiserhöhungen angekündigt werden

- ☐ der Stichtag, ab dem die neuen Preise gelten
- ☐ die Nennung der neuen Preise bzw. ein Verweis auf die (beiliegende) Preisliste
- ☐ eine sachlich nachvollziehbare Begründung
- ☐ eine Bitte um Verständnis bzw. ein Ausdruck des Bedauerns
- ☐ evtl. ein „Zuckerl", das die bittere Pille erträglicher macht (z. B. ein Sonderangebot oder ein Extra-Service)

Musterschreiben zur Ankündigung von Preiserhöhungen

1. Preiserhöhung wegen höherem Arbeitsaufwand

Ihre Sprossenfenster treiben die Preise in die Höhe

Sehr geehrte Frau Damiani,

seit über vier Jahren bin ich mit meinem Reinigungsunternehmen für das Hotel Waldeslust tätig. Sie wissen, dass Sie sich auf mich verlassen können und ich Ihnen eine gute Leistung und guten Service zu günstigen Preisen biete.

Seit Ihrem Umbau im Frühjahr gibt es allerdings ein Problem: Ihre Sprossenfenster. Ich finde sie zwar wunderschön, sie passen sehr gut zum romantischen Charakter Ihres Hauses.

Aber das Putzen dieser Fenster ist wesentlich arbeits- und zeitintensiver als es bei den früheren großen Fensterflächen ohne Sprossen der Fall war. Für die letzten beiden Reinigungsaktionen hat mein Team jeweils drei Stunden länger gebraucht als zuvor.

Deswegen kann ich Ihnen zukünftig das Fensterputzen nicht mehr zum Pauschalpreis von ... Euro wie bisher anbieten. Der neue, aufgrund der Erfahrungen nach dem Umbau nachkalkulierte Preis liegt bei ... Euro.

Ich bin mir sicher, dass Sie angesichts des objektiv vorhandenen Mehraufwands Verständnis dafür haben.

Auf eine weiterhin gute Zusammenarbeit freut sich

Ihre Ilse König
Die Saubermacher

2. Preiserhöhung wegen Finanzkrise

Wir müssen unsere Pensionspreise anpassen!

Sehr geehrte Frau Prof. Dr. Helmholtz,

unser Wohnstift sorgt sich seit über 35 Jahren um ältere Menschen und konnte dank der Heinz-Otto-Wilhelm-Stiftung, die uns trägt, immer eine hochwertige Versorgung und Pflege zu günstigen Preisen bieten. Umso mehr schmerzt es uns, dass wir nun dazu gezwungen sind, erstmals seit zwölf Jahren die Pensionspreise zu erhöhen.

Das Stiftungsvermögen ist gemäß unseren Statuten äußerst konservativ angelegt. Dennoch sind die heftigen Turbulenzen auf den Kapitalmärkten nicht spurlos an uns vorübergegangen. Seit Herbst 2008 hat sich die Verzinsung unserer Kapitalanlagen um mehr als 30 Prozent verringert. Gleichzeitig sind die Energiekosten und die Lohnnebenkosten deutlich gestiegen. Eine Besserung dieser Situation ist derzeit nicht abzusehen.

Der Stiftsrat hat nach ausführlicher Diskussion daher einer Erhöhung der Pensionspreise um 4 Prozent mit Wirkung ab 01.01.2010 zugestimmt. Ihr Einzelappartment wird dann 1.484 Euro monatlich kosten statt bisher 1.427 Euro.

Ich bitte um Verständnis für diese Entscheidung.
Mit freundlichen Grüßen

Walter Jobst
Direktor

Rechnungen

Wenn Sie eine Rechnung schreiben, wird es ernst: Sie haben Ihre Lieferung oder Leistung erbracht und damit Ihren Teil des Vertrages erfüllt. Jetzt muss Ihr Kunde seine vertragliche Pflicht erfüllen und Sie bezahlen. Ihre Rechnung ist ein rechtlich und steuerlich wichtiges Dokument, für Sie wie für die Empfänger. Sie beweisen also Kundenorientierung, wenn Sie alle Pflichtangaben machen, damit Ihr Firmenkunde problemlos seinen Vorsteuerabzug bekommt und Ihr Privatkunde ein zivilrechtlich sauberes Dokument hat, das er gegebenenfalls, etwa bei Handwerkerrechnungen, ebenfalls steuerlich geltend machen kann.

Rechnungen haben daneben einen doppelten psychologischen Aspekt, den Sie nicht vernachlässigen sollten: Zum einen sind wir alle besonders sensibel, wenn es ans Bezahlen geht und wir uns von unserem hart verdienten Geld trennen sollen. Unwillkürlich machen wir eine (oft nur halb-bewusste) Kosten-Nutzen-Rechnung auf: War diese Leistung das Geld wert? Oder ärgert es uns im Nachhinein, für „so etwas" so viel ausgeben zu müssen?

Zum anderen ist die Rechnung meist der letzte Kontakt, den wir als Kunden für längere Zeit mit einem bestimmten Lieferanten oder Dienstleister haben. Kundenorientiert zeigen Sie sich, wenn Sie diesen letzten Kontakt nicht nur mit der kühlen Zahlungsaufforderung, sondern auch mit einem warmen Wort des Dankes und der Wertschätzung ausklingen lassen.

Die rechtliche Seite: Worauf Sie bei der Rechnungsstellung achten müssen

Einerseits zeigt sich der Gesetzgeber großzügig, was Gestaltung und Form der Rechnungen angeht: Jedes Schreiben, in dem Sie etwas abrechnen, ist eine Rechnung – selbst wenn das Wort „Rechnung" gar nicht vorkommt. Andererseits ist derselbe Gesetzgeber sehr kleinkariert, wenn es um den Inhalt geht. Er schreibt detailliert vor, welche Pflichtangaben die Rechnung enthalten muss, damit ein Geschäftskunde darauf die Vorsteuer ziehen darf [6]. Fehlt eine dieser Angaben, kann es passieren, dass Ihr Kunde nur den Netto-Betrag bezahlt oder dass er Ärger mit dem Finanzamt bekommt und bei

---

6 Die gesetzlichen Regelungen finden Sie in den §§ 14 – 14 c UStG und 31 – 35 UstDV. Zusätzlich erläutert wurden sie in einem Schreiben des Bundesfinanzministeriums vom 29.01.2004 (IV B 7 – S 7280 – 19/04).

Ihnen eine korrigierte Rechnung nachfordert. In beiden Fällen geben Sie keine allzu gute Figur ab. Das sollten Sie vermeiden.

Wenn Sie Rechnungen an Privatkunden stellen, spielt zwar der Vorsteuerabzug keine Rolle. Dennoch haben auch Privatleute Anspruch auf eine ordnungsgemäße Rechnung. Organisatorisch einfacher und rechtlich am sichersten ist es daher, wenn Sie auf allen Rechnungen alle Pflichtangaben machen, unabhängig davon, ob Sie sie an einen Firmen- oder einen Privatkunden schicken.

Übrigens: Rechnungen können Sie grundsätzlich sowohl als Brief wie auch als E-Mail versenden. Bei Rechnungen an Geschäftskunden sollten Sie allerdings beachten: Das Finanzamt erkennt nur solche Rechnungen als Vorsteuer-abzugsberechtigt an, die mit einer qualifizierten elektronischen Signatur versehen sind. Hier wird zwar nicht sehr intensiv kontrolliert, aber mit E-Mail-Rechnungen ohne diese Signatur könnte Ihr Kunde bei einer Betriebsprüfung Schwierigkeiten bekommen.

Extra-Tipp für Handwerksbetriebe: Privatkunden können einen Teil der Kosten, die Sie ihnen für Renovierungs-, Erhaltungs- und Modernisierungsarbeiten in Rechnung stellen, von der Steuer abziehen. Seit 01.01.2009 sind das 20 Prozent von höchstens 6.000 Euro Arbeitskosten, also im Maximalfall 1.200 Euro. Das geht aber nur, wenn Sie die Rechnung entsprechend gestalten: Sie müssen

- die umsatzsteuerlichen Pflichtangaben machen,
- den Gesamtbetrag nach Material und Arbeitskosten aufschlüsseln (für Materialkosten gibt es den Steuerbonus nicht)
- und den Kunden darauf hinweisen, dass er die Rechnung zwei Jahre lang aufbewahren muss.

Beispiel

Beispielformulierung für Handwerksbetriebe:

„Bitte beachten Sie, dass Sie aus steuerrechtlichen Gründen dazu verpflichtet sind, Handwerkerrechnungen zwei Jahre lang (ab Ausstellungsdatum der Rechnung) aufzubewahren. Dafür sparen Sie mit dieser Rechnung bares Geld: 20 Prozent der Arbeitskosten für die Renovierung Ihrer Fassade können Sie von Ihrer Einkommensteuer absetzen.".

Check-Box

Diese 10 Pflichtangaben müssen Sie auf Rechnungen über 150 Euro brutto machen

1. „Leistender": vollständiger Name und komplette Anschrift Ihres Unternehmens
2. Leistungsempfänger: vollständiger Name und komplette Anschrift Ihres Kunden
3. Ausstellungsdatum der Rechnung
4. Rechnungsnummer: Alle Ihre Rechnungen müssen fortlaufend nummeriert sein; achten Sie darauf, keine Rechnungsnummer auszulassen oder doppelt zu vergeben. Dafür können Sie frei entscheiden, wie Sie sie nummerieren, etwa nur mit Ziffern oder mit Ziffern-Buchstaben-Kombinationen.
5. Zeitpunkt der Lieferung bzw. Leistungserstellung: Lässt dieser sich nicht taggenau bestimmen, genügt die Angabe des Kalendermonats, in dem Sie die Leistung erbracht haben. Auch der Satz „Das Leistungsdatum entspricht dem Rechnungsdatum" ist ausreichend.
6. genaue Beschreibung der Lieferung bzw. Leistung nach Menge bzw. Umfang und Art; das Finanzamt muss leicht nachprüfen können, für was welcher Umsatz abgerechnet wird und welcher Umsatzsteuersatz (7 % oder 19 %) dafür gilt.
7. das Netto-Entgelt für die Lieferung bzw. Leistung, gegebenenfalls nach den unterschiedlichen Steuersätzen aufgeschlüsselt. Wenn Sie dem Kunden einen Rabatt oder ein Skonto gewähren, müssen Sie das ebenfalls in der Rechnung aufführen bzw. ausdrücklich auf eine (schriftlich vorliegende) Rabattvereinbarung hinweisen.
8. der Umsatzsteuersatz, der auf das Netto-Entgelt entfällt: 7 %, 19 % oder ein Hinweis auf eine Umsatzsteuerbefreiung (z. B. wenn Sie umsatzsteuerlicher Kleinunternehmer sind oder eine innergemeinschaftliche Lieferung in ein EU-Land vorgenommen haben). Ob Sie „USt" oder „MwSt" schreiben, spielt übrigens keine Rolle.
9. der Umsatzsteuerbetrag, der auf das Netto-Entgelt entfällt
10. Ihre Umsatzsteuernummer, Steuernummer oder Umsatzsteuer-Identifikationsnummer.

Muster für eine umsatzsteuerlich korrekte Rechnung

Easy PC Computer GmbH – Zum Alpenblick 1 – 87654 Unterdorf — **1. Leistender**

Praxis Dr. Sieglinde Hutter
Marie-Curie-Weg 5
89898 Großstadt — **2. Leistungsempfänger**

18. September 200X — **3. Ausstellungsdatum**

Re-Nr. H123/003/0X — **4. Rechnungsnummer**

Rechnung

Für die Befreiung Ihres Praxis-Notebooks von einem Virus und einem Trojaner sowie die Reparatur beschädigter Dateien berechne ich wie im beiliegenden Arbeitsnachweis aufgeführt: — **5. Beschreibung der Leistung nach Art**

— **6. Beschreibung der Leistung nach Umfang**

2,5 Arbeitsstunden à 69,00 €   172,50 € — **7. Netto-Entgelt**

zuzügl. 19 % USt.   32,78 € — **8. Umsatzsteuersatz**

Endbetrag   **205,28 €** — **9. Umsatzsteuerbetrag**

Leistungsdatum: 16.09.200X — **5. Leistungsdatum**

Meine Umsatzsteuernummer lautet 111/222/33333.

Bitte überweisen Sie den Endbetrag ohne Abzüge bis 18. Oktober 200X auf mein Konto Nr. .... bei der XY-Bank, BLZ ....

Vielen Dank für Ihren Auftrag! — **10. Umsatzsteuernummer**

Check-Box

Pflichtangaben für Kleinbetragsrechnungen unter 150 Euro brutto

Nicht ganz so umfangreich sind die Vorschriften für Rechnungen, deren Bruttobetrag unter 150 Euro liegt. Hier müssen Sie „nur" fünf Pflichtangaben machen:

1. **Leistender**: Vollständiger Name und Anschrift Ihres Unternehmens
2. **Ausstellungsdatum** der Rechnung
3. Beschreibung der Lieferung oder Leistung nach Menge bzw. **Umfang und Art**
4. **Brutto-Entgelt**: entweder das Netto-Entgelt zuzüglich der Umsatzsteuer oder das Netto-Entgelt, wenn keine Umsatzsteuerpflicht besteht; enthält die Rechnung Positionen mit 7 % und mit 19 % USt, führen Sie diese Posten (Bruttobeträge) getrennt auf.
5. im Brutto-Entgelt enthaltener **Steuersatz** bzw. ein Hinweis auf Umsatzsteuerbefreiung

Muster für eine umsatzsteuerlich korrekte Kleinbetragsrechnung

Easy PC Computer GmbH – Zum Alpenblick 1 – 87654 Unterdorf — 1. Leistender

5. Oktober 200X — 2. Ausstellungsdatum

Rechnung

Für die Lieferung einer externen Festplatte
Modell XYZ-supersicher — 3. Beschreibung der Lieferung nach Art und Menge
berechne ich   89,00 €*

* inklusive 19 % Mehrwertsteuer — 4. Brutto-Entgelt

Bitte überweisen Sie den Rechnungsbetrag
bis 5. November 200X
auf mein Konto Nr. … bei der ABC-Bank, BLZ …… — 5. Umsatzsteuersatz

Vielen Dank für Ihren Auftrag!

Die psychologische Seite: keine Pflicht-, aber „Kürangaben"

Nachdem niemand gerne Rechnungen bezahlt, sollten Sie besonders Ihren Privatkunden das Bezahlen so einfach wie möglich machen:

- Schreiben Sie sie so gut verständlich wie möglich,
- setzen Sie ein eindeutiges Datum, bis zu dem Ihr Kunde den Rechnungsbetrag überweisen soll,
- geben Sie einen Schnellzahlervorteil (Skonto) nicht nur in Prozent, sondern als Summe an,
- und legen Sie am besten einen bereits vorausgefüllten Überweisungsträger bei, damit Ihr Kunde möglichst wenig Mühe hat.

Diese Maßnahmen sind nicht nur kundenfreundlich, sondern helfen auch dabei, Mahnungen zu vermeiden (mehr zur Mahnungsprophylaxe lesen Sie auf Seite 124 f).

Alle Kunden freuen sich über ein Wort des Dankes am Ende Ihrer Rechnung, etwa

- *Vielen Dank für Ihren Auftrag.*
- *Ich habe gerne für Sie gearbeitet. Vielen Dank.*
- *Ich freue mich, dass ich Ihren wunderschönen Garten mitgestalten durfte.*
- *Danke, dass Sie bei diesem Auftrag wieder an mich gedacht haben.*

Wenig verbreitet und daher sehr aufmerksamkeitswirksam ist es, wenn Sie Ihre Rechnungen als Kundenbindungs- und Werbeinstrument einsetzen. Überlegen Sie doch einmal, was Sie Ihren Kunden mit einer Rechnung anbieten, mitschicken oder worum Sie sie bitten könnten, um nachhaltig in Erinnerung zu bleiben. Ich habe Ihnen hier ein paar Beispiele zusammengestellt, die Ihnen zur Inspiration dienen sollen:

- *Waren Sie mit unserer Leistung zufrieden? Dann empfehlen Sie uns bitte weiter. Oder gibt es etwas, das Ihnen nicht so gut gefallen hat? Dann sagen Sie es uns – wir wollen für Sie immer besser werden.*
- *Unser Tipp: Bewahren Sie diese Rechnung auf und bringen Sie sie bei Ihrem nächsten Einkauf/Auftrag mit – Sie erhalten dann einen Stammkundenbonus von 10 Euro.*
- *(beigelegter Teebeutel) Sicher sind Sie froh, dass Sie die Arbeiten an Ihrem Haus/Computer/ ... hinter sich haben – genießen Sie dieses Gefühl bei einer entspannenden Tasse Tee.*

Oder legen Sie der Rechnung ein Tütchen Gummibärchen bei, auf das Sie beispielsweise einen Aufkleber mit dem Text „für Lieblingskunden" oder „Schnellzahlerbonus" kleben. Darüber schmunzeln sicher die meisten Kunden – und vielleicht zahlen sie sogar wirklich schneller ...

Reklamationen beantworten

Wo gearbeitet wird, da werden auch Fehler gemacht. Es wird also immer wieder vorkommen, dass ein Kunde mit Ihrer Ware oder Ihrer Leistung unzufrieden ist und sie reklamiert. Das ist sicher keine erfreuliche Situation für Sie, aber eine, mit der Sie professionell umgehen können und müssen. Gar nicht so selten beschweren sich Kunden auch wegen Dingen, die eigentlich keine Reklamation rechtfertigen. Sie sind beispielsweise enttäuscht, weil sie sich unter Ihrer Leistung etwas anderes vorgestellt oder schlicht realitätsferne Erwartungen hatten.

Bei einer „echten" Reklamation wegen einer tatsächlich fehlerhaften Lieferung oder Leistung gibt es gesetzliche Vorgaben dafür, was Ihr Unternehmen tun muss, um die vertraglichen Ansprüche des Kunden wenigstens nachträglich zu erfüllen. Bei im Sinne des Gesetzes unbegründeten Reklamationen müssen Sie rechtlich betrachtet gar nichts tun. Es liegt ganz in Ihrem Ermessen bzw. in dem Ihres Unternehmens, wie weit Sie den Wünschen des Kunden entgegenkommen wollen. Ich brauche es eigentlich nicht extra zu erwähnen: Kundenorientiert handeln Sie, wenn Sie sich nicht auf die Gesetzeslage zurückziehen, sondern versuchen, die Dinge so zu regeln, dass Ihr Kunde zufrieden ist.

Sie sollten die Rechtslage bei Reklamationen daher kennen, sich jedoch nicht dahinter verschanzen.

Rechtliche Grundlagen für Reklamationen

Die rechtlichen Grundlagen für die Behandlung von Reklamationen bei **Kaufverträgen** finden Sie im Bürgerlichen Gesetzbuch (BGB), und zwar in den §§ 433 bis 447. Wo es nicht um den Kauf von Waren, sondern um die Erstellung von Leistungen (z. B. Verträge über Bauleistungen oder das Programmieren einer Website) geht, handelt es sich um einen **Werkvertrag**. Beim Werkvertrag sind Sie dazu verpflichtet, das fragliche Werk so zu erstellen, wie es vereinbart wurde. Die relevanten Vorschriften dazu sind die §§ 631 bis 651 BGB.

Wenn Sie reine Beratungsleistungen erbringen (z. B. Verkäuferschulungen, Coaching), handelt es sich dagegen um einen **Dienstvertrag**. Beim Dienstvertrag liegt es in der Natur der Sache, dass Sie kein bestimmtes Ergebnis wie etwa eine Steigerung der Absatzzahlen nach Ihrem Verkäufertraining garantieren können; hier schulden Sie nur das „Tätigwerden". Reklamationen im Sinne des Gesetzes gibt es bei Dienstverträgen also nicht. Trotzdem sollten Sie sich bemühen, auch hier kundenorientiert auf Beschwerden zu reagieren.

Grundsätzlich hat der Käufer einer Ware bzw. Auftraggeber einer Leistung Anspruch darauf, eine „mängelfreie" Ware bzw. Leistung zu bekommen. Das Gesetz räumt einem Kunden bestimmte Rechte ein, wenn doch ein Mangel vorliegt.

Was gilt in diesem Sinne als Mangel?

Beim **Kaufvertrag** gilt es als Mangel,

- wenn die Ware nicht den Vereinbarungen entspricht. Kauft ein Kunde beispielsweise eine Uhr, die in Ihrem Katalog als „absolut wasserdicht" beschrieben ist, darf sie nicht beim ersten Schwimmbadbesuch volllaufen.
- wenn sie für die vertragsgemäße Verwendung nicht geeignet ist oder deutlich von dem abweicht, was man üblicherweise von dieser Art Ware erwarten darf. Beispiel: Bei einer büroüblichen Kaffeemaschine ist es kein Reklamationsgrund, wenn sie von ihrer Größe her nicht in die Teeküche des Kunden passt (dann hätte er die Maße bei der Bestellung angeben müssen), wohl aber, wenn man sie jedes Mal nach 10 Tassen komplett auseinander nehmen und reinigen muss (dann ist sie nämlich für den Gebrauch in einer Teeküche nicht geeignet).
- wenn bei der Montage einer an sich einwandfreien Sache Fehler gemacht werden oder wenn die Montageanleitung fehlerhaft ist.

Beim **Werkvertrag** liegt ein „Mangel" dann vor, wenn

- das erstellte Werk nicht dem entspricht, was vertraglich vereinbart wurde (Sie haben beispielsweise die Werbeaufschrift auf einen Lieferwagen versehentlich in einer falschen Farbe gepinselt),
- oder wenn nicht die vereinbarte Menge erstellt wird (es sind nur zwei statt drei Schriftzüge),
- oder wenn zwar keine spezielle vertragliche Vereinbarung vorliegt, das Werk sich aber nicht für eine übliche Verwendung eignet (die Werbeaufschrift blättert nach dem ersten Regen wieder ab).

Welche Rechte Ihre Kunden bei Reklamationen haben

Wenn tatsächlich ein, bereits beim Kauf vorhandener, erheblicher Sachmangel vorliegt, gewährt das Gesetz dem Kunden mehrere Rechte:

- **Nacherfüllung**: Sie müssen die fehlerhafte gegen eine fehlerfreie Ware eintauschen und gegebenenfalls eine korrekte Montageanleitung mitliefern. Handelt es sich um ein Einzelstück bzw. um eine Spezialanfertigung für den Kunden, können Sie die Ware zwar nicht umtauschen, müssen dann aber „nachbessern", sie also reparieren.
- **Rücktritt vom Kauf**: Der Kunde gibt die Ware an Sie zurück, Sie erstatten ihm den Kaufpreis plus die ihm entstandenen Nebenkosten (z. B. für Verpackung und Transport). Das geht aber nur, wenn die Mängel erheblich sind oder wenn das Nachbessern trotz zweier Versuche nicht geklappt hat. Hat die neue Kaffeemaschine für die Teeküche beispielsweise einen tiefen Kratzer an der Vorderseite, ist das kein erheblicher Mangel, rechtfertigt aber eine
- **Minderung des Kaufpreises**: Sie geben einen Preisnachlass, mit dem die Wertminderung der Ware durch den Fehler ausgeglichen werden soll.
- **Schadenersatz/Ersatz vergeblicher Aufwendungen**: Sind durch den Mangel an der Ware Folgeschäden entstanden, müssen Sie diese auch ersetzen. Beispiel: Die neue Kaffeemaschine ist beim Milchschäumen „explodiert" und hat den Milchschaum im ganzen Raum verteilt. Die Kosten für die Säuberungsaktion müssten Sie übernehmen.

Die Nacherfüllung hat Vorrang. Das heißt: Ihr Unternehmen hat immer das Recht und die Chance auf einen zweiten Versuch, die Sache wieder in Ordnung zu bringen.

Erst wenn das nicht klappt, kann der Kunde seine anderen Rechte geltend machen. Liegt ein erheblicher Mangel vor, kann der Kunde selbst entscheiden, ob er lieber vom Kauf zurücktreten oder eine Kaufpreisminderung haben will. Bei kleineren Mängeln kommt nur die Kaufpreisminderung infrage. Eventuelle Schadenersatzansprüche stehen ihm in jedem Fall zusätzlich zu.

Beim **Werkvertrag** hat der Kunde im Prinzip die gleichen Rechte: An erster Stelle steht die Nachbesserung, daneben auch der Rücktritt vom Vertrag oder die Minderung, gegebenenfalls zusätzlich Schadenersatz. Zusätzlich hat er die Möglichkeit, eine Nachbesserung (Reparatur) selbst vorzunehmen oder von einem Dritten vornehmen zu lassen, wenn Sie das nicht, nicht gut oder nicht in einer angemessenen Frist gemacht haben. Dann kann er von Ihnen verlangen, dass Sie die dafür angefallenen Kosten ersetzen.

Psychologische Grundlagen

Die Rechtslage ist also klar: Wenn ein echter Mangel im Sinne des Gesetzes vorliegt, und nur dann, hat ein Kunde Anspruch auf Nachbesserung bzw. Umtausch, Rücktritt, Kaufpreisminderung und gegebenenfalls Schadenersatz. Unter dem Aspekt der Kundenorientierung ist die Sache ebenso klar: Der Kunde hat immer Recht.

Ja, Reklamationen sind zunächst lästig. Aber sie können auch ausgesprochen nützlich für Sie sein: Reklamationen

- machen Sie auf Schwachstellen in Ihrem Unternehmen und bei Ihrer Leistung aufmerksam
- zeigen damit Ansatzpunkte für Verbesserungsmaßnahmen auf (dafür müssten Sie einer Unternehmensberatung viel Geld bezahlen)
- helfen Ihnen, Ihre Kunden besser zu verstehen
- und bieten Ihnen eine einmalige Gelegenheit, zu zeigen, wie ernst es Ihnen mit der Kundenorientierung ist.

Im Grunde müssen Sie Kunden, die sich bei Ihnen beschweren, sogar dankbar sein: Der Löwenanteil unzufriedener Kunden reklamiert nämlich gar nicht, sondern wechselt einfach stillschweigend den Anbieter. Ein Kunde, der sich mit seiner Beschwerde an Sie wendet, ist noch da – jetzt haben Sie die Chance, ihm zu zeigen, wie gut Sie wirklich sind!

Ein gutes Beschwerdemanagement schafft es, aus reklamierenden Kunden begeisterte Kunden zu machen. Ein ungeschicktes Beschwerdemanagement dagegen vergrault unzufriedene Kunden endgültig und löst eine negative Mundpropaganda aus, die Ihnen langfristig sehr schaden kann.

Natürlich gibt es manchmal über-kritische Kunden, die wegen Winzigkeiten reklamieren und mit keinem noch so großzügigen Entgegenkommen zufriedenzustellen sind. Im ein oder anderen Einzelfall kann es daher besser sein, die Kundenbeziehung zu beenden. Aber das sind Ausnahmen.

Wie also reagieren Sie kundenorientiert auf Reklamationen? Indem Sie sich in die Lage des Kunden versetzen: Er ist enttäuscht. Er hat sich geärgert. Die Sache hat ihn Zeit gekostet, vielleicht auch Geld. Natürlich will er, dass die Ware oder das Werk ausgetauscht bzw. in Ordnung gebracht wird. Aber mindestens genauso wichtig ist ihm, dass Sie seine Situation und seine Gefühle ernst nehmen. „*Ja, gut, tauschen wir aus*" ist da zu wenig. Das ist nur das, was Sie ohnehin tun müssen. Gewinnen können Sie Ihre Kunden aber nicht mit der Pflicht, sondern mit der Kür. Mit einer Entschuldigung. Mit weiterem Entgegenkommen.

Check-Box

Das gehört in ein Antwortschreiben auf eine Reklamation

- ☐ eine klare Zusammenfassung des Sachverhalts und des vorhandenen bzw. vermeintlichen Mangels
- ☐ Dank für die Information
- ☐ Verständnis für die Gefühle des Kunden
- ☐ bei begründeten Reklamationen: eine Entschuldigung
- ☐ ein konkreter Lösungsvorschlag bzw. eine Erklärung, warum Sie keine Lösung anbieten (können)
- ☐ ein „Zuckerle" als Ausgleich für den Ärger
- ☐ in schwierigeren Fällen: die Bitte um Einverständniserklärung bzw. eine Aufforderung zur Besprechung der weiteren Vorgehensweise
- ☐ die dazu erforderlichen Kontaktdaten, soweit sie nicht bereits auf dem Briefbogen stehen
- ☐ in schwerwiegenderen Fällen: möglichst die Unterschrift des Geschäftsführers oder eines hochrangigen Mitarbeiters

Musterschreiben für Antworten auf Reklamationen

1. Antwort auf eine berechtigte Reklamation wegen einer falschen Liefermenge (kein Schaden entstanden)

Fax an: 09876 54321-11
Hotel Hinter'm Deich,
Frau Aishenur Taskin

**Unsere Lieferung Nr. 12345 vom …. –
Ihre Reklamation wegen 8 fehlender Kissen „BauschiWasch"**

Sehr geehrte Frau Taskin,

bitte entschuldigen Sie, dass die Lieferung gestern unvollständig war. Die acht Kissen haben sich bei uns im Lager gefunden. Sie waren bei der Kommissionierung versehentlich falsch zugeordnet worden.

Unser Fahrer fährt heute und morgen größere Liefertouren in einer anderen Region. Deswegen habe ich die Kissen per DHL auf den Weg gebracht, sie werden also morgen bei Ihnen eintreffen. Natürlich entstehen Ihnen dadurch keine weiteren Kosten.

Mit freundlichen Grüßen

Henrike Westermann
Vertriebsassistenz

2. Antwort auf eine berechtigte Reklamation wegen Sachmängeln
(dem Kunden ist ein – geringer – Schaden entstanden)

Auftrags-Nr. 12345
Ihre Reklamation wegen Transportschäden

Sehr geehrter Herr Dierig,

ich war wirklich erschrocken, als ich Ihre Fotos der verschmutzten und zerrissenen Kartons gesehen habe, in denen unsere Lattenroste bei Ihnen angekommen sind. Ich bin ganz Ihrer Meinung: Unsere hochwertigen und für den Endkunden hochpreisigen Artikel dürfen auf dem Transport keinesfalls so nachlässig behandelt werden. Selbst wenn die Roste selbst nicht beschädigt wären, dürften sie beim Kunden nicht in diesem heruntergekommenen Zustand ankommen.

Ich habe sofort mit der Spedition telefoniert und klargestellt, dass wir diese Art des Umgangs mit unseren Waren nicht tolerieren. Natürlich habe ich auch eine sofortige Neuauslieferung der beiden Lattenroste veranlasst. Ich habe die feste Zusage, dass sie bis Freitag nächster Woche in einwandfreiem Zustand bei Ihnen ankommen. Die defekten Roste holen wir im Zuge dieser Lieferung selbstverständlich kostenfrei wieder bei Ihnen ab.

Es tut mir sehr leid, dass Sie aufgrund der mangelhaften Auslieferung Mehrarbeit hatten und den Ihrem Kunden zugesagten Liefertermin nicht halten konnten. Dafür entschuldige ich mich im Namen unseres Hauses. Als Entschädigung erhalten Sie von uns eine Gutschrift in Höhe von 100 €, die auf Ihre nächste Bestellung angerechnet wird.

Mit freundlichen Grüßen

Heiko Gerber
Geschäftsführung

Übrigens: Juristisch verantwortlich ist bei Reklamationen immer der Vertragspartner des Kunden. In diesem Fall hat der Kunde (ein Händler) beim Hersteller gekauft und deswegen berechtigt bei diesem reklamiert, auch wenn der eigentliche Fehler von der vom Hersteller beauftragten Spedition begangen wurde.

Ähnlich ist es, wenn bei einem Händler reklamiert wird. Auch wenn nicht er, sondern der Hersteller für den Mangel verantwortlich ist, ist der Händler der richtige Ansprechpartner für den Kunden. Er darf den Kunden auch nicht an den Hersteller verweisen, sondern muss zunächst den Austausch vornehmen und dann versuchen, den ihm dadurch entstandenen Schaden vom Hersteller ersetzen zu lassen.

3. Antwort auf die sachlich gerechtfertigte, in der Wortwahl aber heftige Reklamation einer Privatkundin wegen fehlerhafter Montage, in der ein Rücktritt vom Werkvertrag gefordert wurde

Es tut uns wirklich sehr leid,

Sehr geehrte Frau Tebbert,

dass der Einbau der neuen Arbeitsplatte in Ihrer Küche so schiefgegangen ist. Ich kann gut verstehen, dass Sie sehr enttäuscht sind, nachdem Sie sich vier Wochen lang auf Ihre schöne neue Küche gefreut hatten und dann diesen unschönen Spalt entdecken mussten.

Dafür entschuldige ich mich in aller Form. Unser Mitarbeiter Herr Glaubitz ist ein erfahrener Mann, der normalerweise sehr präzise arbeitet. Ich kann mir auch nicht wirklich erklären, warum er diesmal so danebengeschnitten hat.

Unser Telefonat heute ist leider nicht so verlaufen, wie ich mir das gewünscht hätte. Aber wie gesagt, ich kann Ihren Ärger und Ihre Enttäuschung nachvollziehen. Sie haben Recht, wenn Sie von uns Besseres erwartet haben. Wenn Sie es wirklich wünschen, werden wir die Arbeitsplatte noch diese Woche wieder ausbauen, die alte wieder einsetzen und Ihnen den Kaufpreis erstatten.

Ich würde es allerdings sehr bedauern, Sie mit Ihrer Enttäuschung und der alten Platte allein zu lassen. Deshalb lautet meine Bitte an Sie: Geben Sie uns eine zweite Chance. Wir könnten die neue Platte provisorisch abdichten oder die alte wieder einsetzen. Parallel bestelle ich eine zweite Platte und baue sie selbst bei Ihnen ein – natürlich völlig kostenfrei für Sie. In genau der Qualität, die Sie sich von uns gewünscht haben.

Bitte rufen Sie mich an, um mir Ihre Entscheidung mitzuteilen. Sie erreichen mich direkt unter Tel. 012345 667788-9

Unabhängig von Ihrer Entscheidung bitte ich Sie, als kleine Wiedergutmachung den beiliegenden Gutschein anzunehmen, den Sie bei der Parfümerie Dufte einlösen können.

Mit freundlichen Grüßen

Christian Fühner
Schreinermeister

Anmerkung: In so einem schwierigen Fall, bei einem wirklich verärgerten Kunden, sollte unbedingt ein Mitglied der Geschäftsführung den Brief schreiben bzw. wenigstens unterschreiben.

4. Antwort auf eine unberechtigte Reklamation

Unser Seminar „Wirksam werben mit kleinem Budget"
Ihr Schreiben vom ...

Sehr geehrter Herr Dittmayer,

wir bedauern sehr, dass Sie mit unserem Seminar so unzufrieden sind. Es ist natürlich ärgerlich für Sie, dass Sie eine so weite Anreise auf sich genommen haben, um dann festzustellen, dass die Seminarschwerpunkte ganz anders gesetzt waren, als Sie erwartet hatten.

Allerdings hat uns unsere Referentin, Frau Görnemann, versichert, dass die Seminarinhalte genau der Seminarbeschreibung entsprochen haben. Thema der Veranstaltung waren eben nicht Direct Mailings und ihre Feinheiten, sondern Ideen für Guerilla-Marketing-Kampagnen.

Frau Görnemann konnte schon deswegen nicht auf Ihre diesbezüglichen Wünsche und Fragen eingehen, weil die anderen Teilnehmer dann unzufrieden gewesen wären. Diese haben die Veranstaltung übrigens mit der Durchschnittsnote 1,6 bewertet.

Das Seminar wurde entsprechend der Seminarbeschreibung und zur Zufriedenheit fast aller Teilnehmer durchgeführt. Daher kann ich Ihnen leider nicht wie gewünscht die Seminargebühr in Höhe von 450 Euro zurückerstatten.

Ich würde mich freuen, wenn wir Sie trotz dieser Meinungsverschiedenheit auch weiterhin zu unseren Kunden zählen dürften. Als Zeichen unserer Wertschätzung und unseres guten Willens sende ich Ihnen mit diesem Schreiben einen Gutschein in Höhe von 50 Euro, den Sie bei der Buchung Ihres nächsten Seminars bei uns einlösen können.

Mit freundlichen Grüßen

Karin Wegmann
Geschäftsführung

Werbebriefe

In meinen Korrespondenz- und Werbebrief-Workshops merke ich immer wieder, dass Werbebriefe für viele Menschen eine schwierige Angelegenheit sind. Viele finden es irgendwie peinlich, sich und ihre Leistungen bzw. ihr Unternehmen und seine Angebote aktiv anzupreisen. Man will sich ja nicht aufdrängen, und Selbstlob ist ja so etwas von igittigitt. Das haben wir schon als Kinder gelernt.

Das aber ist ein Missverständnis. Denn zwei Dinge sollten Ihnen klar sein: Erstens sagen Sie mit jedem Brief und jeder E-Mail, die Ihr Haus verlässt, etwas über sich, Ihre Leistungen, Ihre Unternehmenskultur (lesen Sie dazu das dritte Kapitel in Teil I dieses Buches) und Ihre Beziehung zu Ihrem Kunden aus. In diesem Sinne ist jeder Brief ein Werbebrief, ob Sie das nun bewusst wahrnehmen oder nicht.

Zweitens dient ein „echter" Werbebrief nicht der Selbstbeweihräucherung oder peinlichen Anmache. Er dient schlicht dazu, Menschen, von denen Sie glauben, sie könnten Ihre Leistung benötigen, genau das zu sagen: *„Hallo, ich habe hier etwas ganz Nützliches/Tolles für Sie!"* Wie sollten diese Leute denn sonst erfahren, dass es Sie gibt und dass Sie tolle Sachen machen bzw. haben? Schon aus Kostengründen sollten Sie niemandem Werbung schicken, von dem klar ist, dass er weder Interesse noch Bedarf hat.

E-Mails eignen sich nur dann als Werbemedium, wenn Sie zu den fraglichen Kunden bereits einen Kontakt aufgebaut und deren Einverständnis für Werbesendungen haben bzw. voraussetzen können (mehr dazu lesen Sie auf Seite 67). Persönlich adressierte Werbebriefe sind zwar in Erstellung und Versand wesentlich teurer. Dafür sind Sie damit auf der rechtlich sicheren Seite (Ausnahme: Der Empfänger hat Ihnen ausdrücklich schriftlich erklärt, dass er von Ihnen keine Werbebriefe bekommen will) und können mit mehr Aufmerksamkeit beim Empfänger rechnen.

Was unterscheidet einen Werbebrief von anderen Briefen?

Alles, was Sie im ersten Teil dieses Buches über Inhalt und Struktur von Briefen sowie über kunden- und nutzenorientierte Argumentation gelesen haben, gilt für Werbebriefe auch. Für sie sogar noch mehr als für andere Schreiben.

Denn, und das sollten Sie sich klar vor Augen führen, bevor Sie mit dem Schreiben beginnen: Auf Angebote und Antworten auf Anfragen wartet Ihr Kunde, über Gratulationen und Einladungen freut er sich, für Neuerungen interessiert er sich. Werbebriefe erwartet er nicht. Über sie freut er sich nicht, und besonders interessant findet er sie zunächst vermutlich auch nicht. Wenn er bereits Kunde ist, können Sie allenfalls mit einem gewissen wohlwollenden Interesse für Ihre Werbebotschaft rechnen. Wenn Sie an Nicht-Kunden schreiben, also „Kaltakquise" per Brief betreiben, erkennt der Empfänger ziemlich schnell: *„Aha, da schickt mir jemand Werbung."* Das ist nicht besonders spannend. Man bekommt schließlich so viel Werbung ... Die erste und größte Hürde, die Sie nehmen müssen, ist, diesen Empfänger wenigstens soweit für sich zu interessieren, dass er Ihr Schreiben erstmal öffnet und liest, statt es sofort ins Altpapier zu werfen.

Ein guter Werbebrief ist deswegen einer, der auf den ersten Blick anders aussieht. Der am besten schon von außen aus dem Poststapel hervorsticht. Das können Sie z. B. durch ein besonders hochwertiges oder farbiges Briefpapier, durch Bilder oder beigelegte Werbeartikel erreichen. Die Frankierung mit einer Sondermarke oder eine handschriftliche Adressierung ist ebenfalls hilfreich. Wegen der Kosten und des Aufwands kommt dieses Vorgehen aber nur für kleinere Aussendungen (unter 100 Briefe) infrage.

Wenn alles gut geht, öffnet der Empfänger Ihren Werbebrief. Nun wirft er einen zweiten Blick darauf. Der dauert etwa zwei bis drei Sekunden. Auf die kommt es an. Danach ist die Entscheidung gefallen: hopp oder top, weiterlesen oder wegwerfen. Was nimmt der Leser in diesen zwei bis drei Sekunden wahr? In etwa dieses Bild:

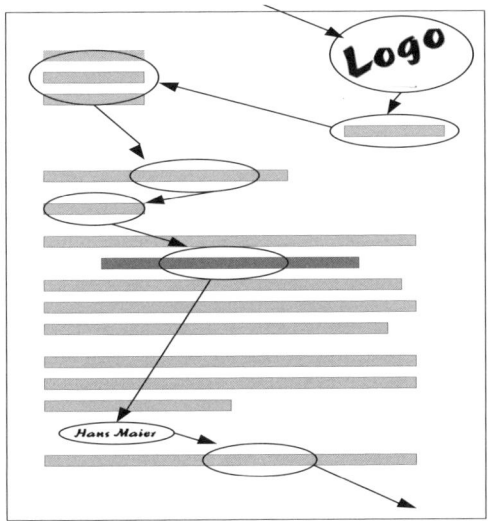

Abbildung 5: Typischer Blickverlauf beim Lesen eines Mailings

Ob der Blickverlauf links oben (bei der Empfängeranschrift) oder rechts oben (beim Logo) anfängt, ist unter Fachleuten umstritten. Es ist auch nicht so entscheidend. Aber, und das können Sie ganz leicht an sich selbst testen, beim ersten Überfliegen eines Briefes bleibt der Blick tatsächlich an ein paar optisch markanten Punkten hängen: Logo, Adresse, Anschrift, Betreff/Headline, fett gedruckte oder sonstwie herausgehobene Passagen, dann noch die Unterschrift und, falls vorhanden, ein PS.

In diesen zwei bis drei Sekunden findet im Kopf des Lesers ein Zwiegespräch statt, das ein wenig anders abläuft als der „normale" stumme Dialog:

1. *Wer schreibt mir denn da? Ach, der XY ...*
2. *Was hat der denn für mich? Hm, klingt interessant!*
3. *Was habe ich davon? Echt? Das ist ja super!*
4. *Und was soll ich jetzt tun? Das will ich haben – ich rufe gleich an!*

So sieht es jedenfalls im Idealfall aus.

Aus diesen Überlegungen können Sie bereits schließen, was Sie tun müssen, um den inneren Dialog des Lesers idealtypisch zu steuern: Werbebriefe brauchen eine noch sorgfältigere Vorbereitung und Konzeption als andere Briefe:

Wie Sie einen Werbebrief konzeptionell vorbereiten

Dazu stellen Sie sich diese drei Fragen und beantworten sie am besten schriftlich:

Welches Angebot wollen Sie bewerben? Wenn Sie nur ein Produkt bzw. eine Leistung im Angebot haben, ist die Auswahl nicht schwer. In allen anderen Fällen sollten Sie sich vorab für ein konkretes Angebot entscheiden, das Sie mit Ihrem Brief bewerben wollen.

Treffen Sie eine Vorauswahl, legen Sie fest, welches Angebot für die jeweiligen Empfänger zum jetzigen Zeitpunkt der Knüller schlechthin ist, und stellen Sie dieses in den Mittelpunkt Ihres Schreibens. Das Motto ist einfach: ein Brief – ein Thema. Damit überfordern Sie Ihre Kunden nicht, sondern geben ihnen klare Orientierung. Das nächste Thema können Sie ja im nächsten Brief bewerben.

Diese Empfehlung gilt sogar dann, wenn es das ausdrückliche Anliegen Ihres Mailings ist, die ganze Bandbreite Ihres Angebots darzustellen. Dann legen Sie Ihren Katalog oder Flyer bei und verweisen auf Ihre Website. Im

Anschreiben dazu stellen Sie trotzdem ein Angebot deutlich in den Vordergrund, etwa ein Schnupper- oder Testangebot.

Warum diese Selbstbeschränkung? Weil Werbeschreiben nach dem Prinzip *„Hier habe ich etwas ganz Tolles, und das da ist auch toll, und jenes mindestens genauso."* den Empfänger verwirren. Für ihn ist nicht mehr klar erkennbar, was das Besondere an jedem einzelnen ist. Die Entscheidung fällt ihm schwer – dann trifft er eben keine und legt Ihr Schreiben auf den Stapel zu den anderen (oder gleich in den Papierkorb).

Wer sind die Empfänger Ihres Werbebriefs? Was ist ihnen wichtig?

Was wissen Sie eigentlich über die Menschen, die Ihren Brief lesen und darauf reagieren sollen? Was bewegt diese Menschen? Welche Probleme haben sie? Welche Lösungen suchen sie? Was lieben sie? Was ist ihnen wichtig? Was nicht? Um diese Fragen zu beantworten, stellen Sie sich am besten einen typischen Vertreter Ihrer Zielgruppe vor. Einen Kunden, wie er Ihnen schon öfter begegnet ist. Überlegen Sie, aus welchen Gründen er bei Ihnen kauft, oder auch nicht. Nun können Sie die dritte, entscheidende Frage angehen:

Was macht Ihr Angebot aus Sicht Ihrer Kunden einzigartig?

Ihr Werbebrief muss vom ersten bis zum letzten Wort nichts anderes tun, als dem Leser vor Augen zu führen, dass Ihr Angebot für ihn so nützlich ist, dass er es unbedingt haben muss. Überlegen Sie also kritisch:

- Welche Kundenbedürfnisse sprechen Sie an? (Mehr zu Kundenbedürfnissen lesen Sie auf Seite 29 ff.)
- Welches sind die entscheidenden Nutzenargumente? (Mehr zur nutzenorientierten Argumentation lesen Sie auf Seite 33 f.)
- Warum soll Ihr Kunde ausgerechnet Sie beauftragen? Was haben und können Sie bzw. Ihr Unternehmen, das andere so nicht haben und können?

Was soll Ihr Kunde tun, nachdem er Ihren Werbebrief gelesen hat?

„Na, kaufen!" reicht als Antwort nicht. Sie erinnern sich vielleicht an das Beispiel mit der Einladung zum Messebesuch aus dem ersten Teil dieses Buches (Seite 15 ff). Es genügt eben nicht, zu sagen, wie unwiderstehlich Ihr Angebot ist. Sie müssen zusätzlich ganz klar sagen, was Ihr Empfänger tun soll und wie er das am besten kann. Soll er sich zunächst näher über

Sie und Ihr Angebot informieren? Dann sagen Sie ihm, wo und wie er die Informationen bekommt, z. B. durch einen Hinweis auf dem beigefügten Flyer oder Ihre Website. Soll er Sie anrufen und einen Termin ausmachen? Dann schreiben Sie, wen er wann und wo unter welcher Nummer anwählen soll. Soll er gleich etwas bestellen? Dann formulieren Sie eine deutliche Bestellaufforderung, eventuell mit einem zusätzlichen Bestellanreiz (etwa einem Geschenk oder Rabatt). Bieten Sie ihm mehrere Möglichkeiten, mit denen er das ganz einfach tun kann, etwa mit einer Bestellkarte (die höchste Antwortquote erreichen übrigens vorfrankierte Karten), einem Faxformular oder einer Hotline.

Bestandteile eines Werbebriefs: Worauf Sie achten sollten

Im Prinzip haben Werbebriefe dieselben Bestandteile wie andere Briefe auch. Im Detail gibt es da aber doch ein paar Besonderheiten, die Sie beachten sollten:

Der Betreff bzw. die Headline

Auch ein Werbebrief hat so etwas Ähnliches wie einen Betreff: die Headline (Sie könnten auch „Überschrift" dazu sagen, aber das Werberdeutsch ist eben Englisch). An der Headline bleibt der Blick hängen, weil sie allein steht und durch Fettdruck und/oder Farbe hervorgehoben wird.

Im normalen Brief dient die Betreffzeile dazu, kurz auf den Briefinhalt hinzuweisen und dadurch eine gewisse Orientierung zu bieten. Das ist bei der Headline ähnlich. Wenigstens in etwa sollte der Leser ihr entnehmen können, worum es in dem Schreiben geht. Vorrangig aber soll sie ihn neugierig machen und in den weiteren Text „hineinziehen". Das ist übrigens ein gravierender Unterschied zu Headlines in Anzeigen. Eine Anzeige hat nur ein Bild und eine Headline. Beide zusammen müssen bereits die komplette Aussage ergeben. So abgeschlossen darf die Headline in einem Werbebrief nicht sein, weil die Leute sonst den Brief nicht mehr lesen.

Wie sieht nun eine Headline aus, die den Leser in den Text zieht? Das illustriere ich Ihnen am besten an einem Beispiel. Nehmen wir an, ich schriebe Ihnen einen Brief, um Sie zu einem Korrespondenz-Workshop einzuladen. Dann könnte ich beispielsweise folgende Headline-Techniken einsetzen:

Headline-Technik	Wirkung	Beispiel
Teilsatz	Nutzt den Lesefluss, um direkt in den Text zu ziehen.	**Durch Briefe die Kundenbindung stärken ...** *(Brieftext:)* das ist so einfach wie wirkungsvoll. Sie brauchen nur das richtige Fachwissen und ein bisschen Übung ...
How-to-Ansatz	Verspricht die Lösung eines Kundenproblems	**Wie Sie Briefe schreiben, mit denen Sie Ihre Kunden begeistern** *oder* **So kommen Ihre Schreiben bei Ihren Kunden besser an.**
Zeitungsvorspann	Knackige Headline verblüfft, untergeordnete Überschrift (Subline) führt weiter	**Wer seine Kunden liebt, schreibt anders!** Wie ernst es ihm mit der Kundenorientierung ist, zeigt sich in der Korrespondenz eines Unternehmens ...
Inhaltsangabe mit Verstärker	Erzeugt Aktualität (Variante 1) und damit einen gewissen Druck oder Verblüffung (Variante 2) und damit Neugier	**Erstmals auch als Inhouse-Workshop: Praxis-Training für kundenorientierte Korrespondenz** *oder* **Workshop für praktizierte Kundenliebe – buchen Sie jetzt!**

Sicher ist Ihnen aufgefallen, dass die Wortwahl mindestens ebenso wichtig ist wie die Technik. Gute Headlines verwenden starke Verben und eine bildhafte Sprache. Je konkreter und bildhafter, desto wirksamer sind sie. „Kundenorientierte Korrespondenz" beispielsweise ist eher kein sinnliches Worterlebnis, bei dem in Ihrem Gehirn die Neuronen zu feuern beginnen.

„Praktizierte Kundenliebe" wirkt da schon besser, „Wer seine Kunden liebt ..." sogar noch mehr. Scheuen Sie sich nicht, bei der Formulierung ein bisschen dicker aufzutragen als sonst. Sie wollen schließlich die Aufmerksamkeit Ihrer Leser gewinnen – mit vornehmer Zurückhaltung werden Sie das nicht schaffen.

Die Anrede

Hier sollten Sie vor allem darauf achten, den Namen des Empfängers korrekt anzugeben. Ich bekomme beispielsweise regelmäßig Briefe für eine Frau Kemel, eine Frau Zettel und eine Frau Kett-Zörner. Diese Damen wohnen hier aber nicht, weswegen ich ihre Post nicht lese, sondern wegwerfe. Das ist eigentlich schade für die Absender.

Ansonsten gilt, was Sie in Kapitel 3 über Anreden gelesen haben. Ich würde an dieser Stelle keine Experimente machen. Auf der sicheren Seite sind Sie jedenfalls mit dem klassisch-korrekten „Sehr geehrte Frau Kettl-Römer". Unternehmen, bei denen ich schon länger Kundin bin, dürfen auch „Liebe Frau Kettl-Römer" schreiben.

Der Briefeinstieg

Der erste Satz eines Werbebriefs ist immer eine Herausforderung. Seine Aufgabe ist es, einen persönlichen Kontakt zwischen Ihnen und dem Empfänger herzustellen, den Leser so anzusprechen, dass er weiterliest und sich damit auf den inneren Dialog einlässt. Wie bei der Headline gibt es für den Briefeinstig keine Einheitstechnik, die jeden Leser sofort „packt". Aber ich kann Ihnen mehrere Techniken empfehlen, die sich in der Praxis bewährt haben:

Einstiegs-Technik	Beispiel: **Sehr geehrte Frau Musterfrau,**
Wunschbild des Kunden aufgreifen	Kunden zu haben, die auf Ihr Angebot hin prompt bestellen und dann Ihre Rechnung pünktlich zahlen, das wünschen Sie sich als Unternehmerin bestimmt. Das muss kein Wunschtraum bleiben: ...

Eine Geschichte erzählen	Letzte Woche rief mich eine Kundin an, der ich eine Mahnung geschickt hatte. „Es ist mir ja peinlich, dass ich Ihre Rechnung verlegt habe", sagte sie, „aber als ich Ihre witzige Zahlungserinnerung gelesen habe, musste ich einfach lachen …"
Typisches Kundenproblem ansprechen	So mancher Chef drückt sich gerne vor schwierigen Schreiben. „Sie machen das schon!" sagt er nonchalant zu Ihnen, und schon ist sein Problem Ihres …
Den Kunden in einen besonderen Kreis rücken/als Experten ansprechen	Sie als Sekretärin wissen am besten, wie schwierig es ist, Kunden und anderen Geschäftspartnern harte Fakten in verbindlichen Worten zu schreiben, …
Ja-Straße (Der Leser soll gedanklich jedem Schritt Ihrer Argumentation folgen und ihn jeweils für sich mit einem „ja" beantworten.)	Als Selbstständige wissen Sie, wie wichtig es ist, Kundenorientierung konsequent zu leben. Auch in Ihrer Korrespondenz. Sicher haben Sie bei schwierigen Schreibanlässen schon öfter gegrübelt …

Probieren Sie selbst aus, welcher Einstieg Ihnen am besten gefällt und bei Ihren Kunden am besten ankommt. Natürlich können Sie auch auf andere Weise Ihren Dialog mit dem Kunden beginnen, Ihr Brief soll schließlich Ihre individuelle Persönlichkeit bzw. die Ihres Unternehmens widerspiegeln. Von zwei häufig zu lesenden Einstiegen rate ich allerdings ab:

- zum einen vom Horrorszenario, das dem Kunden die Problematik des Themas vor Augen stellen soll. Motto: *„Manchmal geht wirklich alles schief, Sie haben ohnehin kaum Aufträge, die wenigen verbleibenden Kunden zahlen ihre Rechnungen nicht und reagieren nicht auf Ihre Mahnungen..."* Spätestens jetzt fühlt sich der Leser so schlecht, dass er Ihren Brief in einem Akt psychischer Selbstverteidigung wegwirft.

- zum anderen von einer geschlossenen Frage. Motto: *„Finden Sie es auch so schwierig, Ihren Kunden die richtigen Worte zu schreiben?"* Wenn Sie Pech haben, hat der Empfänger gerade keinen schwierigen Schreibanlass, denkt sich *„nö"*, steigt aus dem inneren Dialog mit Ihnen aus – und entsorgt Ihren Brief ebenfalls.

Der Mittelteil

Sie haben Ihren Leser erfolgreich in den Brieftext gezogen. Jetzt sollten Sie Ihre Nutzenargumente auspacken: Schreiben Sie, warum und wie Ihre Leistung die Bedürfnisse Ihres (potenziellen) Kunden erfüllt bzw. seine Probleme löst. Nehmen Sie mögliche Fragen und Einwände vorweg, und geben Sie die Antworten darauf. Ziel ist es, dem Leser weiterhin innere „jas" zu entlocken.

Werbung wird von den Umworbenen nicht mit Konzentration gelesen. Sie muss leicht konsumierbar sein. Deshalb lautet meine Empfehlung: Schreiben Sie einfach und bildhaft, ohne unnötige Fachausdrücke. Ein guter Werbebrief ist etwa eine Seite (nur ausnahmsweise auch mal zwei) lang, ist durch Absätze gegliedert und hebt höchstens zwei Punkte durch Zentrierung/Fettdruck hervor. Besser nur einen. Denn damit verspricht er schon rein optisch, leicht lesbar zu sein und das Wichtigste auf den (einen) Punkt zu bringen. Was Sie sonst noch zu sagen haben, können Sie als Informationsmaterial beilegen.

Der Briefausstieg

Bis jetzt ist Ihr Leser (hoffentlich) bei Ihnen geblieben bzw. Ihrer Argumentation gefolgt. Offen ist nur noch die Frage: „Und was muss ich tun, um dieses tolle Angebot nutzen zu können?" Das sagen Sie ihm zum Schluss. Kein Werbebrief sollte ohne konkrete Handlungsaufforderung Ihr Haus verlassen. Machen Sie es so einfach und konkret wie möglich. Zum Beispiel so:

- *Reservieren Sie noch heute Ihren Platz in meinem Workshop „Kundenorientierte Korrespondenz". Nutzen Sie dazu einfach das Faxformular auf der Rückseite dieses Schreibens oder schreiben Sie mir eine E-Mail an info@kettl-roemer.de.*

- *Gerne stelle ich für Sie einen unternehmensindividuellen Korrespondenz-Workshop zusammen – natürlich unverbindlich und kostenlos für Sie. Rufen Sie mich einfach an: Tel. ….*

Die Wörtchen „einfach", „gleich", „gratis", „kostenlos" und „unverbindlich" wirken als Verstärker für Ihre Handlungsaufforderung; ein paar davon sollten Sie also in jeden Werbebrief-Schluss einbauen.

Das PS

Manche Werber schwören auf das PS, weil es angeblich von 90 Prozent aller Empfänger als erstes Briefelement gelesen wird. Ich weiß nicht, ob das stimmt. Ich persönlich nutze ab und zu ein PS als Verstärker, finde aber nicht, dass Sie zwanghaft in jeden Werbebrief eines einbauen müssen.

Wenn Sie sich für ein PS entscheiden, sollte es jedenfalls eine Funktion haben: Entweder Sie zielen auf den PS-zuerst-Leser, oder Sie verstärken damit die Botschaft Ihres Briefes für den Leser, der bis zum Schluss durchgehalten hat. Etwa, indem Sie nochmals ein Haupt-Nutzenargument herausgreifen oder einen Zusatznutzen bieten. Wenn Sie mit dem Brief nicht direkt etwas verkaufen, sondern erst mal einen Kontakt herstellen wollen, können Sie im PS weitere Kontakte ankündigen.

Übrigens: PS ist die Abkürzung für Post Scriptum. Da es als Wortkürzel wie ein selbstständiges Wort, nämlich „PE-ES", gesprochen wird, setzt man keinen Punkt. Richtig geschrieben ist es also kein P.S., sondern ein PS!

Check-Box

Das sollten Sie beim Schreiben eines Werbebriefes beachten

Konzeptionelle Vorbereitung:

- ☐ Welches Angebot wollen Sie bewerben?
- ☐ Wer ist der Umworbene und was ist für ihn wichtig?
- ☐ Was macht Ihr Angebot aus Sicht Ihrer Kunden einzigartig?
- ☐ Was soll der Empfänger tun, wenn er Ihren Werbebrief gelesen hat?

Briefbestandteile:

- ☐ Headline: knackig, neugierig machend, soll zum Lesen des Briefes animieren
- ☐ Briefeinstieg: soll den inneren Dialog des Lesers weiterführen und in den Text hineinziehen
- ☐ Mittelteil: nutzenorientierte Argumentation, Hauptvorteil(e) klar herausarbeiten
- ☐ Briefausstieg: Handlungsaufforderung
- ☐ PS als Verstärker: z. B. zusätzlicher Anreiz für eine Kundenreaktion, Nutzenargument wiederholen

Erscheinungsbild:

- ☐ höchstens eine Seite
- ☐ gut strukturiert und in Absätze gegliedert
- ☐ Hauptnutzen optisch hervorgehoben (nicht mehr als zwei Hervorhebungen)
- ☐ muss auf den ersten Blick zeigen „Ich bin leicht zu lesen und zu verstehen!"

Sprache:

- ☐ kurze Sätze
- ☐ wenige Fremdwörter und Fachausdrücke
- ☐ bildhafte Sprache
- ☐ starke Verben

Muster-Werbebriefe

1. Werbebrief zur Neukundengewinnung an Privatkunden, mit beigelegtem Prospekt
Headline-Technik: Teilsatz, Einstieg: Leser in einen besonderen Kreis rücken

---

Diese Köstlichkeit wollen wir nicht für uns behalten ...

Sehr geehrter Herr Jung,

denn Köstlichkeiten teilt man mit Freunden. Und zu unseren Freunden möchten wir Sie bald zählen. Daher stellen wir Ihnen hier einen einzigartigen Wein vor:

Das Château Merveille gehört zu den besten Weingütern der Bourgogne und trägt mit Stolz den Titel „Grand Cru Classé". Stolz sind die Inhaber, das Ehepaar Gauthier-Gribaudeau, auch auf den ersten Rosé aus ihrem Hause. Fruchtig-frisch und vollmundig ist dieser sommerliche Wein, der 2008 gekeltert wurde. Nur 5.000 Flaschen wurden von diesem außergewöhnlichen Rosé abgefüllt, den wir Ihnen exklusiv präsentieren – zu einem Freundschaftspreis von nur 8,45 Euro!

Lernen Sie uns und den Rosé Merveille kennen, und reservieren Sie sich gleich heute eine Kiste dieser Köstlichkeit. Rufen Sie uns einfach an unter Tel. 09988 776655-0 oder schicken Sie eine E-Mail an info@weinkontorvongrafenau.de. Wir freuen uns auf Sie.

Mit freundschaftlichen Grüßen

Viktor von Grafenau
Geschäftsführer

PS: Natürlich haben wir noch viele weitere köstliche französische Weine im Angebot. Eine Auswahl haben wir Ihnen in dem Prospekt zusammengestellt, der diesem Brief beiliegt. Blättern Sie nach Herzenslust, und entdecken Sie Ihre neuen Lieblingsweine.

2. Werbebrief an Privatkunden aus der Kundendatei
Headline: verblüffender Teilsatz, Einstieg: Wunschbild des Kunden

Eine Heizung für Ihre Haut ...

Liebe Frau Kramer,

haben Sie sich angesichts der klirrenden Kälte dieses Winters vielleicht auch schon gewünscht, damit Ihre Haut geschützt, rosig und gut durchblutet bleibt. Dann haben wir genau das richtige Angebot für Sie: Unsere

Spezialbehandlung „Wintertraum"

Sie besteht aus
- einem kuscheligen Zimt-Sahne-Fußbad mit anschließender Thermofußpackung
- einer intensiven Gesichtsbehandlung inklusive Thermomodellage zum Anregen der Durchblutung und Entschlackung und
- einer pflegenden Paraffin-Handpackung mit Vitaminampulle.

Lassen Sie sich zwei Stunden lang von Kopf bis Fuß mit hochwertiger Pflege und wohliger Wärme verwöhnen, entspannen Sie und vergessen Sie den Winter da draußen.

Bis zum 23. Dezember bieten wir Ihnen die Spezialbehandlung „Wintertraum" zum Weihnachtspreis von 79 Euro. Buchen Sie am besten gleich Ihren Wunschtermin unter Tel. 098 7654321.

Wir freuen uns auf Ihren Besuch!

Ihr Kosmetik-Josephine-Team

Josephine Schaller   *Manuela Hartig*   *Friederike Mai*

3. Werbebrief an Geschäftskunden, mit beigelegtem Prospekt und Fax-Antwortformular auf der Rückseite
Headline + Einstieg: in Zeitungsvorspann-Technik

**Telefonieren, schreiben, dirigieren –
mit einem Headset haben Sie endlich die Hände frei!**

Sehr geehrter Herr Klockmann,

als Selbstständiger kennen Sie das: Sie telefonieren mit einem Kunden, versuchen, sich nebenher Notizen zu machen und den betreffenden Vorgang im Computer herauszusuchen. Dabei wird Ihr Hals steif vom Hörereinklemmen und der Kaffee kalt, weil Ihnen die dritte Hand fehlt, um nebenher den Kaffeebecher zum Mund zu führen.

Dabei ist es so einfach, Ihnen das Leben leichter zu machen: Mit einem Headset haben Sie die Hände auch beim Telefonieren frei. Sie schonen Hals und Nerven und trinken Ihren Kaffee zukünftig warm.

Die neue Freiheit beim Telefonieren bieten wir Ihnen im Rahmen unserer Aktion „Hände frei beim Telefonieren" jetzt besonders preisgünstig an. Unser Headset „Multitask One" kostet Sie

bis 31. August nur 56 Euro + MwSt!

Die genaue Produktbeschreibung sowie einige weitere interessante Angebote rund ums Telefonieren finden Sie im beigefügten Flyer. Natürlich beraten wir Sie gerne auch persönlich. Füllen Sie einfach das Faxformular auf der Rückseite aus und schicken es an die Fax-Nr. 0123 45678-22.

Mit freundlichen Grüßen

Bernd Geiger

Geiger Bürotechnik

PS: Bei einer Bestellung gehen Sie kein Risiko ein: Sie testen das Headset Multitask One 14 Tage lang kostenlos und unverbindlich. Falls es Ihren Erwartungen nicht genügen sollte, schicken Sie es einfach ohne Begründung an uns zurück.

Rückseite:

Fax-Antwort **bitte faxen an 0123 45678-22.**

Bitte kreuzen Sie die zutreffende Aussage an und füllen Sie die Leerzeilen aus:

O Ja, ich bestelle das Headset „Multitask One" zum Angebotspreis von je 56 Euro + MwSt (nur bei Bestellungen bis 31.08.): _____ Stück

Ich kann es 14 Tage lang unverbindlich testen und bei Nichtgefallen einfach zurückschicken.

O Ich möchte eine telefonische Beratung. Bitte rufen Sie mich an, und zwar am besten zu folgenden Wochentagen und/oder Zeiten:

_____

O Bitte senden Sie mir weiteres Informationsmaterial über Ihre Bürotechnik-Lösungen zu.

O Bitte nehmen Sie mich aus Ihrem Verteiler. Ich bin nicht an weiteren Informationen interessiert.

Firma _____
Ansprechpartner _____
Straße _____
Ort _____
Telefonnummer _____
E-Mail _____

4. Werbebrief an Geschäftskunden, mit Besuchsankündigung
Headline: Inhaltsangabe mit Verstärker, Einstieg: Ja-Straße

Mit unseren Verpackungslösungen senken Sie Ihre Verpackungskosten noch dieses Jahr um bis zu 20 Prozent!

Sehr geehrter Herr Ahrensdorf,

in Zeiten wie diesen ist es erfolgsentscheidend, die Kosten im Griff zu haben. Sicher hat auch Ihr Unternehmen an der ein oder anderen Stelle den Rotstift angesetzt.

Aber wie sieht es bei Ihrer Verpackungslogistik aus? Unserer Erfahrung nach schlummern hier in sehr vielen Unternehmen noch Sparreserven. Diese zu heben ist unser Anliegen.

Die Top-Packaging GmbH ist seit über 30 Jahren spezialisiert auf End-of-Line Verpackungslösungen. Ob Kartonpacker, Gebindepacker oder Palettiersysteme, wir bieten Ihnen alle Verpackungslösungen aus einer Hand. Wir wissen, wie Sie Ihre Verpackungslinie perfekt aufeinander abstimmen, den Wartungs- und Serviceaufwand verringern und Ihr Bedienpersonal optimal einsetzen.

In den Unternehmen, für die wir im letzten Jahr gearbeitet haben, konnten wir die Durchlaufzeiten deutlich verringern und die Kosten für die Verpackungslogistik durchschnittlich um 10 Prozent, in mehreren Fällen sogar um über 20 Prozent senken.

Gerne helfen wir auch Ihnen, Ihr Sparpotenzial in der Verpackung auszuschöpfen. Unser Spezialist für Verpackungslösungen, Herr Wolfram Härtling, wird Sie in den nächsten Tagen anrufen, um einen Termin für eine Erstberatung mit Ihnen zu machen. Diese ist selbstverständlich kostenlos und völlig unverbindlich für Sie.

Mit freundlichen Grüßen
Gunther Mattheis
Vertriebsleiter

Weihnachtsbriefe und Neujahrsgrüße

Für manche ist es ein schöner Brauch, für andere eine lästige Pflicht, für die meisten Unternehmen gehören sie zum Jahresende einfach dazu: Grüße und gute Wünsche an Kunden und andere Geschäftspartner.

Wenn das Jahr zu Ende geht und an den Feiertagen selbst der Stressgeplagteste endlich ein wenig zur Ruhe kommt, ist es an der Zeit, das vergehende Jahr gedanklich Revue passieren zu lassen und sich auf das kommende Jahr geistig einzustellen. Dass Ihr Unternehmen am Jahresende noch besteht und Sie Ihren Job und Ihr Einkommen noch haben, verdanken Sie Ihren Kunden. Wenn Sie Ihrer Dankbarkeit und dem Wunsch nach dem Fortbestehen der guten Kundenbeziehung Ausdruck verleihen, ist das also keine leere Höflichkeitsgeste, sondern schlicht die Wahrheit. Mag es auch in einer meist ohnehin eher hektischen Vorweihnachtszeit einen gewissen Aufwand für Sie bedeuten – ein paar persönliche Zeilen sollten Ihnen Ihre Kunden wert sein.

Ich persönlich freue mich über die Weihnachtskarten meiner Geschäftspartner (die meisten bekomme ich übrigens von Kunden), weil sie zeigen, dass hier jemand über die reine Geschäftsbeziehung hinaus an mich gedacht hat. Am meisten freue ich mich über die, in denen statt des oder zusätzlich zum eingedruckten Standardtext ein paar handschriftliche Zeilen stehen. Hier war ich dem Absender sogar die Mühe des individuellen Formulierens und des Selberschreibens wert ...

Wir sind also wieder einmal bei der Wertschätzung angelangt. Das heißt: Jahresendgrüße sollten so individuell wie möglich sein und auf einem Repräsentationsbogen, einem hübschen Schmuckpapier oder einer hochwertigen Karte verschickt werden. Ihr normales Firmenbriefpapier mit Kontoverbindung und AGBs ist dafür unpassend. Und bevor Sie die Weihnachtsgrüße per E-Mail oder gar per Fax verschicken, sollten Sie lieber ganz darauf verzichten. Wenn es von der Menge der Aussendungen her irgendwie möglich ist, sollten Sie den Umschlag nicht durch den Freistempler schicken. Eine hübsche Sondermarke (eventuell selbstklebend) wertet Ihren Brief auf, eine weihnachtliche Wohlfahrtsmarke (mit 25 Cent Aufpreis, die für einen guten Zweck abgeführt werden) sogar noch mehr.

Stressig muss das Abwickeln der Weihnachtspost übrigens nicht sein: Da Weihnachten jedes Jahr am 24. Dezember gefeiert wird, können Sie sich in Ihrer Planung rechtzeitig darauf einstellen. Die Adressen selektieren, Briefpapier bzw. Karten und Briefmarken besorgen und sich einen schönen Text ausdenken können Sie in aller Ruhe und mit Muße, wenn Sie schon im Oktober damit beginnen und nicht erst um Nikolaus.

So schreiben Sie Weihnachtsgrüße, die sich von der unpersönlichen Masse abheben

Ideal ist aus meiner Sicht eine von Hand geschriebene Karte mit individuellem Text. Wenn Sie unter 50 Karten versenden, schaffen Sie das auch. Bei größeren Aussendungen empfehle ich einen Weihnachtsbrief, der von Hand unterschrieben wird. Sollten Sie hunderte oder gar tausende solcher Briefe verschicken, müssen Sie auf die handschriftliche Unterschrift natürlich verzichten; dann tut es auch eine eingescannte.

Die Grüße und Wünsche werden mehr oder weniger jedes Jahr dieselben sein. Das heißt aber nicht, dass sie genau gleich formuliert werden müssen. Manche Unternehmen versenden als Weihnachtsbriefe beispielsweise jedes Jahr ein weihnachtlich-winterliches Gedicht oder eine kleine witzige oder besinnliche Geschichte. Das Internet ist eine schier unerschöpfliche Quelle solcher Texte. Geben Sie einfach „Weihnachten" oder „Weihnachtsgedichte" in Ihre Suchmaschine ein, schon stoßen Sie auf zahlreiche Websites, die Ihnen Ideen und Texte liefern.

Oder Sie suchen sich einen jahresaktuellen „Aufhänger". 2009 wurde von der EU beispielsweise als „Europäisches Jahr der Kreativität und Innovation" ausgerufen. Das bietet einen naheliegenden Ansatzpunkt, wenn Sie beispielsweise auf die innovativen Lösungen zurückblicken wollen, die Sie mit und für Ihre Kunden entwickelt haben. 2010 ist von den christlichen Kirchen bereits zum „Jahr der Stille" erklärt worden; daran können Sie gut einen Wunsch nach mehr Besinnlichkeit und Zeit zum Innehalten knüpfen. 2011 ist Kleist-Jahr, da sich der Todestag des Dichters Heinrich von Kleist zum 200. Mal jährt. Vielleicht finden Sie ein passendes Zitat des Dichters als Einstieg ...

Mein Tipp: Geben Sie unter www.wikipedia.de einfach das fragliche Jahr in das Suchfeld ein. Sie finden dort eine Aufstellung von sportlichen, gesellschaftlichen und wirtschaftlichen Ereignissen des Jahres sowie Jubiläen von Geburts- und Todestagen berühmter Personen, die Sie zum Aufhänger für Ihre Jahresendgrüße machen können. Stellen Sie beispielsweise ein Zitat einer berühmten Persönlichkeit voran, oder verweisen Sie auf ihr Leben und Wirken, und stellen Sie einen Bezug zu Ihrem Unternehmen her.

Dritte Möglichkeit: Sie greifen in Ihrem Brief Geschehnisse aus Ihrem Unternehmen, Ihrer Branche oder der Weltwirtschaft auf und machen sich Ihre Gedanken dazu, an denen Sie die Empfänger teilhaben lassen. Aber Achtung: Selbst wenn es krisenhafte Ereignisse waren, die das Jahr geprägt haben, sollten Sie keinen rein negativen Bezug herstellen (*„2009 stand ganz im Zeichen der Finanzkrise, auch unser Unternehmen musste Einbußen hinnehmen …"*) – Sie wollen zum Jahreswechsel doch keine Depressionen, sondern Zuversicht verbreiten!

Check-Box

Das gehört in Ihr Weihnachts-/Neujahrsschreiben

- ☐ Rückblick auf das bald endende Jahr und/oder Gedanken zu den bevorstehenden Festtagen
- ☐ Dank und Anerkennung an Ihre Kunden
- ☐ ein Ausblick auf das neue Jahr, der verdeutlicht, dass Sie mit einer Fortsetzung der Kundenbeziehung rechnen
- ☐ gute Wünsche für Ihre Kunden
- ☐ eine dem Anlass angepasste Grußformel

Musterschreiben zu Weihnachten und Neujahr

1. Weihnachtsbrief an Privatkunden, mit witziger Geschichte/Gedicht und handschriftlichem Zusatz

> **Neujahrsrezept von Catharina Elisabeth Goethe, der Mutter des Dichters Johann Wolfgang von Goethe:**
>
> „Man nehme 12 Monate,
> putze sie ganz sauber von Bitterkeit, Geiz, Pedanterie und Angst
> und zerlege jeden Monat in 30 oder 31 Teile,
> so dass der Vorrat genau für ein Jahr reicht.
> Es wird jeder Tag einzeln angerichtet
> aus einem Teil Arbeit und 2 Teilen Frohsinn und Humor.
> Man füge 3 gehäufte Esslöffel Optimismus hinzu,
> einen Teelöffel Toleranz,
> ein Körnchen Ironie und eine Prise Takt.
> Dann wird die Masse sehr reichlich mit Liebe übergossen.
> Das fertige Gericht schmücke man
> mit Sträußchen netter Aufmerksamkeiten
> und serviere es täglich mit Heiterkeit
> und einer guten, erquickenden Tasse Tee."
>
> *Ihnen, liebe Frau Gantenbrinck,*
>
> *wünsche ich im neuen Jahr 365 Tage, an denen dieses wunderbare Gericht gelingt. Ich freue mich schon darauf, wieder für Sie arbeiten zu dürfen!*
>
> *Ihre Dorothee Lang*

3. Handgeschriebene Weihnachtskarte an einen Geschäftskunden

Liebe Frau Brockmann,

2009 war ein gutes Jahr für mich und mein Unternehmen. Das verdanke ich auch Ihnen, Ihren Aufträgen und der angenehmen Zusammenarbeit mit Ihnen. Ich habe sehr gerne für Sie gearbeitet und freue mich schon auf Ihren nächsten Anruf im neuen Jahr.

Ich wünsche Ihnen ein frohes Weihnachtsfest, erholsame Feiertage und einen schwungvollen Start ins Jahr 2010.

Robert Henning

4. Weihnachtsbrief an Geschäftskunden mit jahrestypischem Aufhänger

Nur wer für den Augenblick lebt, lebt für die Zukunft.
(Heinrich von Kleist)

Sehr geehrter Herr Fichtl,

dieses Jahr hat viele fruchtbare Augenblicke gebracht, Momente voller Inspiration, voller Heiterkeit und voller Gemeinsamkeit. Die Begegnungen mit unseren Kunden haben wir immer genossen, und dafür möchten wir Ihnen danken. Wir haben viel von Ihnen gelernt und oft mit Ihnen gelacht.

Unsere Hoffnung ist, dass sich passend zum Kleist-Jahr 2011 die Weisheit des Dichters erfüllt und wir auch im neuen Jahr so angenehm zusammenarbeiten werden.

Fröhliche Feiertage und ein neues Jahr voller schöner Augenblicke wünschen Ihnen

Hartmut und Sarah Grossmann

Anhang

Sehr geehrter Herr Römer,

bei der Durchsicht unserer Unterlagen haben wir festgestellt, dass Sie vor einiger Zeit für die Dauer eines Ausbildungsverhältnisses eine befristete Befreiung vom Nachweis der berufs- und arbeitspädagogischen Kenntnisse erhalten haben. Wie uns Ausbilderinnen und Ausbilder immer wieder berichten, vielleicht haben Sie diese Erfahrung auch selbst gemacht – ergeben sich rund um die Ausbildung immer wieder Fragen, die aus dem vorhandenen Wissensschatz nicht oder nur unzureichend zu beantworten sind.

Vorreiter

Schachtelsatz (38 Wörter)

Wir möchten Ihnen deshalb anbieten, ein speziell auf Ihre Informationsbedürfnisse zugeschnittenes Seminar zu besuchen. In diesem Seminar können Sie sich in einer sehr kompakten Form mit den wichtigsten Themen rund um die Ausbildung vertraut machen. Darüber hinaus räumen wir allen Teilnehmerinnen und Teilnehmern an dem Seminar die Möglichkeit ein, sich unbefristet vom Nachweis berufs- und arbeitspädagogischer Kenntnisse durch die Ausbilderprüfung befreien zu lassen.

Vorreiter, möchten Sie anbieten, oder tun Sie es?

Vorreiter – der eigentliche Nutzen des Seminars wird ganz hinten in den Nebensatz gedrängt

Wir würden uns freuen, wenn dieses Angebot Ihr Interesse fände. Mit Hilfe des beiliegenden Fax-Antwortformulars können Sie sich zu einem Seminar Ihrer Wahl anmelden.

Mit freundlichen Grüßen

Konjunktiv, der Unsicherheit ausdrückt

- **Wer und wie sind Ihre Kunden?** Unternehmen/Unternehmer, die keine Ausbilderprüfung haben, aber mit einer befristeten „Sondererlaubnis" ausbilden durften.
- **Welchen Stellenwert haben Sie für Ihre Kunden?** IHK: lästig, aber unverzichtbar, als Partner in Ausbildungsfragen akzeptiert.
- **Welche Bedürfnisse haben Ihre Kunden?** Sie wollen weiterhin ausbilden können, dabei Rechtssicherheit, aber weder großen Aufwand noch hohe Kosten haben.
- **Was wollen Sie Ihren Kunden sagen?** Welchen Nutzen können Sie Ihren Kunden bieten? Ein Kompaktseminar, das a) das benötigte rechtliche Know-how liefert und b) die (aufwändigere) Ausbilderprüfung erspart.
- **Was sollen Ihre Kunden tun, wenn Sie Ihr Schreiben gelesen haben?** Das Seminar buchen.
- **Welche Informationen brauchen Ihre Kunden dazu?** Ort, Zeitpunkt und -dauer sowie Kosten des Seminars.

Mein Verbesserungsvorschlag:

Mit unserem Ausbildungs-Kompaktseminar haben Sie Rechtssicherheit und können sich die Ausbilderprüfung sparen!

Sehr geehrter Herr Römer,

wir freuen uns, dass Sie 200X einen jungen Menschen in Ihrem Betrieb ausgebildet haben. Wie Sie wissen, brauchen Sie normalerweise einen „Nachweis der berufs- und arbeitspädagogischen Kenntnisse" (das heißt: die erfolgreich absolvierte Ausbilderprüfung), um ausbilden zu dürfen.

Wir haben Sie 200X von dieser Nachweispflicht befreit. Diese Befreiung war aber befristet und ist nun ausgelaufen.

Jetzt haben wir ein doppelt attraktives Angebot für Sie: unser Ausbildungs-Kompaktseminar. In nur zwei Tagen erfahren Sie alles, was Sie über die rechtliche und organisatorische Seite der Ausbildung wissen müssen. Die Teilnahmebestätigung zu diesem Seminar ersetzt Ihnen zudem den „Nachweis der berufs- und arbeitspädagogischen Kenntnisse" – Sie sparen sich damit also die Ausbilderprüfung und haben zukünftig zeitlich unbegrenzt das Recht, weiterhin als Ausbilder tätig zu sein.

Wir bieten Ihnen dieses Seminar an fünf Standorten in Ihrer Nähe zu unterschiedlichen Terminen. Kreuzen Sie am besten auf dem beiliegenden Faxformular an, wann und wo Sie teilnehmen möchten, und schicken Sie es uns zurück. Wir freuen uns auf Ihre Teilnahme!

Mit freundlichen Grüßen

Stichwortverzeichnis

Absätze 22
Abschiedsbrief 136
Allgemeine Geschäfts-
　bedingungen 94
Anfragen 82
Angebot 88
Anhang 75
Anrede 53, 72
Antwortkarte 113
Auftragsbestätigungen 100

Bandwurmsätze 42
Bedürfnispyramide 30
Bedürfnisse 29
Begleitschreiben 134
Behördendeutsch 57
Bekleidungsvermerk 111
Beschwerdemanagement 159
Betreff 55, 71
Bewirtungshinweise 112
bezüglich 59
Blickverlauf 167
Botschaften 17
Briefausstieg 56
Briefbestandteile 21
Briefeinstieg 55
Briefstruktur 19

Corporate Design 59
Corporate Identity 48
Corporate Writing 49

Dankschreiben 106
Datum 51
Dialog, stummer 18
Dienstvertrag 156
DIN 5008 19

E-Mail-Akquise 67
E-Mail-Anfragen 82
E-Mail-Signatur 74
Einladungen 110
Einladungskarten 110
Einstiegs-Technik 172
Einweg-Kommunikation 18
Eröffnungsempfang 116
Expertensprache 14

Festpreis 91
Firma 51
Firmenfarbe 59
Firmenjubiläum 115
Floskeln 13
Füllwörter 39

Geschäftsausstattung 62
Geschäftsbrief 78
Glückwünsche 118
Gratulationen 118
Grußformel 54, 73

Handlungsaufforderung 175
Handwerkerrechnungen 151
Headline 170
Headline-Technik 171
Hervorhebungen 24

Inhaberwechsel 137

Kaltakquise 167
Kaufpreisminderung 158
Kaufvertrag 157
Kleinbetragsrechnungen 154
Konjunktiv 44
Kostenanschlag 91
Kostenschätzung 91
Kundennutzen 26, 33

Logo 61

Mahnung 121
Mahnungsprophylaxe 124
Mangel 157
Mitarbeiterwechsel 135
Mitteilungen 132

Nacherfüllung 158
Nachfassbriefe 141
Namenswiederholung 51
Nominalstil 38

Passivkonstruktionen 42

Pauschalpreis 91
Pflichtangaben 81, 151
Pleonasmus 40
Preisänderungen 145
PS 175

Rechnungen 150
Reklamation 156
Repräsentationsbogen 118

Schachtelsätze 42
Schadenersatz 158
Signatur 74
Slogan 62
Spam-Filter 72
Streckverben 38
Substantivierung 38
Substantivitis 38

Telefonnummern 52

Unnötige Vorsilben 41

Verzugsschaden 121
Verzugszinsen 124
Vorreiter 36

Weihnachtsbriefe 182
Weihnachtskarte 186
Werbebriefe 166
Werkvertrag 157

Zahlungserinnerung 123
Zahlungsfristen 125
Zitate 119
Zwischenbescheid 82